反洗钱风险管控
账户管理与交易场景汇编

中国人民银行上海总部　编著

中国金融出版社

责任编辑：何　为　张婷婷
责任校对：张志文
责任印制：裴　刚

图书在版编目（CIP）数据

反洗钱风险管控　账户管理与交易场景汇编（Fanxiqian
Fengxian Guankong Zhanghu Guanli yu Jiaoyi Changjing
Huibian）／中国人民银行上海总部编著. —北京：中国金融
出版社，2018.6

ISBN 978-7-5049-9429-5

Ⅰ. ①反… Ⅱ. ①中… Ⅲ. ①洗钱罪—研究—中国
Ⅳ. ①D924.334

中国版本图书馆CIP数据核字（2018）第018842号

出版
发行　**中国金融出版社**

社址　北京市丰台区益泽路2号
市场开发部　（010）63266347，63805472，63439533（传真）
网 上 书 店　http://www.chinafph.com
　　　　　　（010）63286832，63365686（传真）
读者服务部　（010）66070833，62568380
邮编　100071
经销　新华书店
印刷　天津银博印刷集团有限公司
尺寸　145毫米×210毫米
印张　5.75
字数　130千
版次　2018年6月第1版
印次　2018年6月第1次印刷
定价　39.00元
ISBN 978-7-5049-9429-5
如出现印装错误本社负责调换　联系电话（010）63263947

编写委员会

主　　编：孙　辉

副 主 编：姜　威

编写组长：邓素霞

编写人员：叶　青　　　石玉洲　　　王涤琼　　　郭　涵

　　　　　　肖祺敏　　　方　卉　　　王佳莹　　　曾天翔

　　　　　　王　旖　　　陈佳慧　　　梁　冲　　　李东来

　　　　　　仇　燕　　　董　亮　　　林　琳　　　高达兰

　　　　　　龚黛薇　　　李喆昊　　　汪云芳　　　梁　芳

　　　　　　高　乐　　　曾　键　　　邹晋生　　　顾　伟

　　　　　　张　艳　　　段世宝　　　戴银芳　　　王立筠

序言 / PREFACE

　　《中华人民共和国反洗钱法》施行以来，我国反洗钱工作经受种种考验，并取得了长足进步，逐步形成了制度完善、机制健全、运行顺畅的反洗钱管理体系，成为国家治理体系的重要组成部分。在党中央、国务院的正确领导下，人民银行扎实履行反洗钱行政主管部门职责，加强统筹协调，与有关部门齐心合力推进反洗钱工作，督促金融机构、支付机构（以下统称义务机构）勤勉尽责落实反洗钱义务，共同铸就了一把预防和打击洗钱犯罪的利剑，为维护经济社会安全稳定作出了重要贡献。

　　随着成效的显现和形势的发展，国内外对反洗钱工作的关注不断升级，要求也持续提升。党中央、国务院高度重视，把反洗钱、反恐怖融资、反逃税（以下简称"三反"）作为深化改革的重要任务之一。国家"十三五"规划明确要求"完善反洗钱、反恐怖融资、反逃税监管措施，完善风险防范体制机制"。2017年4月，中央全面深化改革领导小组第三十四次会议审议通过了《关于完善反洗钱、反恐怖融资、反逃税监管体制机制的意见》，提出了完善"三反"监管体制机制的指导思想、基本原则和目标要求，并于2017年8月由国务院办公厅正式印发。这是党中央、国务院对"三反"工作最新的全面顶层设计。二十国集团

（G20）等国际组织也将打击洗钱、恐怖融资和逃税作为完善世界经济金融秩序的重要组成部分。2016年9月，G20杭州峰会将"三反"正式写入公报，呼吁各国有效落实金融行动特别工作组（FATF）标准和联合国安理会相关决议。

近年来，我国反洗钱工作正在全面推进"风险为本"的监管理念。所谓"风险为本"，是根据风险状况及程度配置与之相匹配的反洗钱资源，确保以有限的资源实现效率的最大化，有效降低义务机构的洗钱风险。反洗钱效用主要是社会的正向外部效应，在市场经济条件下，需要研究如何有效配置资源，在公共政策领域平衡好资源配置的效率导向和公共政策的社会诉求。贯彻落实"风险为本"的理念，既适用于监管机关，也适用于义务机构。它要求双方均以遏制洗钱风险为目标，从各自的工作层面，遵照风险与措施相称、投入与社会收益相称的原则，共同防范洗钱风险对社会的危害。

从预防洗钱风险的角度看，义务机构直接面对客户，承担着客户准入、维持及退出一整套流程的洗钱风险管理责任，是反洗钱机制的第一道防线，发挥着不可或缺的重要作用。义务机构能否有效管控洗钱风险，直接影响着我国反洗钱工作的整体成效。因此，中国人民银行在推行"风险为本"的反洗钱监管时，一直致力于督促、引导和激励义务机构主动加强洗钱风险管理，积极弥补反洗钱工作短板。2017年，中国人民银行就针对账户与异常交易洗钱风险管控的薄弱点，发布了《中国人民银行关于加强开户管理及可疑交易报告后续控制措施的通知》（银发〔2017〕

117号，以下简称《通知》）。《通知》进一步明确了义务机构的洗钱风险管理主体责任，提出了开户管理和可疑交易报告后续控制的具体要求，对防范洗钱活动、维护经济金融秩序、保护人民群众合法权益具有重要意义。

为引导义务机构相关人员正确理解并执行《通知》要求，促进广大社会公众对《通知》内容的理解和配合，中国人民银行上海总部坚持走群众路线，广泛发动义务机构基层网点，通过一线员工采集了大量生动的风险管控素材，组织反洗钱骨干人员参与筛选和加工整理，并对经验技巧加以总结归纳，对场景素材的文字内容进行反复推敲，在此基础上编成了《反洗钱风险管控　账户管理与交易场景汇编》一书，帮助义务机构在一线工作中防范化解可能面临的各种风险。

本书选取了义务机构日常经营活动中的50个典型场景，针对当前落实《通知》的难点，梳理了实践中防控洗钱风险的有效措施和成熟经验，重点展示了如何通过合适的对话来支持风险管控，成功将各种洗钱风险有效地控制在义务机构体外，并平衡好与金融消费者权益保护之间的关系，有助于义务机构在"三反"工作中践行"风险为本"理念，切实提高洗钱风险防控能力，同时赢得公众的理解和支持，避免义务机构与客户产生不必要的摩擦。

需要指出的是，在"三反"工作领域，风险的多样性、复杂性和多变性是永恒的课题。无论是监管部门还是义务机构，面对风险的变化和形势的发展，都需要秉承开放性的态度，积极探索，勇于创新，从而实现"三反"工作的科学发展。本书的出版是这一实践探索过程的小一步，我们期盼各位关心"三反"工作的读者不吝赐教，对本书的内容提出批评指正。

编者

2018年5月

目录 / CONTENTS

一、银行业

场景1
两名女子忙开户 仔细询问露马脚
（个人智能机具开立银行结算账户）

一、场景概述

两名年轻女子到银行网点要求办理借记卡开户。大堂经理将她们引导至智能机具前办理业务。在业务办理期间，大堂经理核对两人的信息发现她们工作单位相同，但进一步询问，二人口述单位地址不一致，且逻辑混乱。两人在人脸识别环节多次无法通过，引起工作人员警觉，于是网点主管与工作人员一同对客户身份证件和本人进行比对，发现其中一人五官大部分被头发遮盖。网点主管请其露出五官，或者提供其他辅助身份证件，该女子见状立即表示不再办理业务，于是两人匆匆离开。

二、对话场景

大堂经理：您好，请问办理什么业务？

客户A：我们要开张卡，还要开通手机银行和网上银行。

大堂经理：请到智能机具办理，并出示本人的身份证

件。请问您办卡是什么用途呢？

客户A：我们发工资用。

大堂经理：方便告知您在哪个单位工作吗？

客户B：甲单位。

大堂经理：请问单位地址是哪里？

客户A：甲路甲号。

客户B：乙路乙号。

大堂经理：请稍等，我需要找网点主管授权。

网点主管：女士您好，请出示一下您的身份证件，并麻烦您把头发拨开，露出额头。

客户A：开个卡怎么那么麻烦。

网点主管：系统识别失败，能否提供一下您的驾驶证或其他身份证件？

客户B：这么麻烦，我们不办了！

三、评析与风险提示

在上述场景中，智能机具主要依靠人机互动办理业务，与柜面服务相比，减少了工作人员与客户面对面沟通的机会，易引发客户身份识别风险。大堂经理通过主动询问客户信息、仔细观察客户面部特征等方式增加了与客户的面对面沟通，加强了客户身份识别工作。

此外，两位客户声称为工资卡开户，但口述的工作单位地址却不同，大堂经理敏锐地捕捉到了这一疑点，再观察到两人在人脸识别环节多次未通过，要求客户露出遮掩的五官或提供其他辅助身份证件未果，怀疑存在非本人开户的风险，未为客户办理开户。

银行应加强客户身份识别力度，对于客户不配合身份识别的情形，可采取延长开户审查期限等措施，发现可疑开户行为的，必要时应当拒绝客户开户申请，并通知其他营业网点，以免此类客户前往其他网点再次尝试。这样便能更好地防范"漏网之鱼"，做到上下互通，内外联动。

场景2
冒名顶替来开户　外貌不符显破绽
（个人柜面开立银行结算账户）

一、场景概述

　　一名客户到银行网点要求开立个人银行结算账户，柜员联网核查其身份证件，显示真实有效，但人工比对时发现该客户相貌与身份证件照片存在明显差异。柜员向客户进一步核实地址、生肖等有关信息时，客户回答含混不清。柜员要求客户提供其他辅助身份证件后再前来办理，延长了开户审查期限。

二、对话场景

　　柜员：您好，请问需要办理什么业务？

　　客户：我要开张卡。

　　柜员：好的，请出示您的身份证件。请问这是您本人的身份证吗？

　　客户：是我本人的。

　　柜员：请问您的生肖是？

　　客户：嗯……羊？

　　柜员：刚刚查询到您曾在我行办理过业务，请问您还记得当时在我行系统中留存的电话和地址吗？

　　客户：嗯……好像是……

　　柜员：请稍等，我找网点主管授权。

　　网点主管：麻烦您出示一下其他辅助身份证件，比如驾驶证、社保卡等。

　　客户：没带……

　　网点主管：您好，由于您本人同身份证上的照片存在一定差异，按照规定我们暂时无法为您开立账户。我们建议您明天携带其他辅助证件再次前来办理业务。

　　客户：哦，这样啊，那再说吧！

三、评析与风险提示

在上述场景中，柜员和网点主管加强了开户环节账户实名制的审核力度。工作人员核实证件是否有效，并依证件照片与客户本人相貌比对是否一致。在发现客户面部特征与身份证件照片存在差异时，进一步询问客户身份证件相关信息或查询系统内已有信息，如生肖、星座、地址、系统内预留手机号码是否与客户提供号码一致、是否开立过账户、账户何时开立、何地开立等进行核对。

银行应加强真实性审查，认真核实客户身份信息。对于持身份证开户的，应通过联网核查核实无误后再比对客户相貌特征相符后办理；对于存在疑义的，应核实客户其他相关信息，要求其出示辅助身份证件；对于拒绝出示身份证件的，应当拒绝为其开户。

场景3
开户办卡只点头　破绽百出忙离开
（特殊人群开立银行结算账户）

一、场景概述

　　一名客户在两名男子陪同下到银行网点开卡。陪同人员声称客户为聋哑人，要求开立借记卡，并开通手机银行、网上银行等功能。当柜员询问开卡用途并要求书面交流时，陪同人员表示，该客户不识字也不会写字，无论陪同人员说什么该客户都是一个劲点头。柜员怀疑客户可能被陪同男子利用，请示网点主管进行复核。该客户不识字，网点主管不建议客户办理与其特征不相符的电子银行业务，同时表示将致电附近社区手语老师前来网点帮助核实开卡用途。客户及陪同人员见无法蒙混过关，主动放弃业务办理并匆忙离开网点。

二、对话场景

　　柜员：您好，请问办理什么业务？

　　陪同人员A：她是聋哑人，不会说话。她想开张卡，还要开通手机银行和网上银行。另外，她还要配个U盾。

柜员在白纸上写：请出示您的有效身份证件。

陪同人员B：她不认识字，问了也没用。

柜员尝试用手语交流：请问您办卡是什么用途呢？

陪同人员A：办卡是为了领残疾人补助。

柜员：请您稍等，办卡需要网点主管授权。

网点主管：你们好，由于不是本人独立申请，为了保证开户安全，需要了解一下你们和这位客户的关系是？

陪同人员A：我是她朋友。

陪同人员B：我是她亲戚。

网点主管：请问申请开通电子银行是客户本人的意愿吗？

陪同人员B：当然是啊，她不会说话，所以我们代她说而已。

网点主管：根据客户的特殊情况，我们不建议客户办理任何电子银行产品。另外，为了与客户本人更好地沟通，请你们稍等片刻，我请隔壁老年社区学校的手语老师过来一下，这样沟通起来更便利。

陪同人员B：今天真没时间，我们下次再来办理。

三、评析与风险提示

在上述场景中，陪同人员声称客户为聋哑人且不识字，却要求办理电子银行业务，而电子银行操作需要基本的文化基础，这个开户需求与客户本身的特殊情况不符，引起了柜员的怀疑。

此外，柜员尝试用简单的手语与客户沟通，希望能够了解客户的情况，客户也未作反应。于是网点打算请手语老师前来协助，以便与客户本人沟通其开户真实意愿，这样既为特殊人群提供更好的服务，同时也防范了不法分子利用特殊人群开户的风险。

在面对特殊人群开户时，银行可通过书面、手语等沟通方式加强对特殊人群本人开户意愿真实性的核实，如有陪同人员，也应通过有效手段，直接与本人进行沟通核实。

场景4

莫要姐姐来开户　好心办事不合规

（个人开立银行结算账户）

一、场景概述

　　一名女性客户来到银行网点办理开卡业务，办理过程中，柜员发现，身份证件照片左脸有颗很明显的痣，而该名客户面部光洁。柜员询问该客户，客户解释痣点掉了，反复强调是本人，面露急切与慌张。随即，柜员叫来网点主管，主管仔细端详证件照特征，发现证件照片人像发际线比较靠后，是典型的招风耳。在客户的同意和配合下，再次辨认客户面部特征，发现明显和证件照片有出入，确认不是本人证件。网点主管告知该客户，冒用他人身份证件开立账户，一旦发现银行应向公安机关报案并将被冒用的身份证件移交公安机关。客户立刻承认证件是自己妹妹的。由于妹妹是残疾人，腿脚不便，社保有笔补助资金打入，需要开一个银行账户，姐姐拿妹妹的身份证件帮忙开户。得知该情况后，网点主管按照流程派人前往居委会核实，核实无误后，派专人上门为客户办理了开户业务，帮助客户解决了实际难处。

11

二、对话场景

　　柜员：您好，请问您要办理什么业务？

　　客户：我要办张卡。

　　柜员：请问您办卡是什么用途呢？

　　客户：我自己用。

　　柜员：好的，请先出示下您的身份证。

　　柜员：张女士，这是您本人的证件吗？您左脸没有痣呀？

　　客户：我……这颗痣被取掉了呀！

　　网点主管：您的耳朵和证件照片完全不一样，还有您的发际线也是不一样的，您确定这是您本人的证件吗？

　　客户：……

网点主管：张女士，根据监管规定，若发现个人冒用他人身份开立账户的，需要及时向公安机关报案，并将被冒用的身份证件移交公安机关。

客户：身份证是我妹妹的，我妹妹是残疾人，腿脚不便。正好社保有笔补助资金打入，要开个银行账户，我想帮她开一下也没问题的。我要是知道这么严重，肯定不会这么做的。

网点主管：张女士，您先别太着急，针对您这个实际情况，我们会和您妹妹所在的居委会核实。若情况属实，我们会提供上门开户服务。

客户：好的，谢谢提醒！

三、评析与风险提示

在上述场景中，柜员与网点主管发现客户面部特征与身份证照片存在差异时，仔细观察客户的神情变化，发现客户有慌张不安的情绪，怀疑客户为非本人开户。于是，网点主管对客户开展了风险提示，使客户意识到冒名开户的风险，成功阻止了一起冒名开户事件。同时，银行在了解了客户的实际情况后，帮助客户有效解决了困难，快速妥善地处置了客户需求。

冒名开户风险极大，除了银行卡会被不法分子利用从事违法活动外，对客户本人的资金财产安全也造成巨大的威胁，极易造成客户与银行间的风险纠纷。银行柜员要保持高度警惕，严格遵守操作流程，不放过每一个疑点，强化风险防控。

场景5
多人集体同开户　出借账户风险大
（多人集体开立个人银行结算账户）

一、场景概述

某银行网点连续数日发现有多名年轻客户组团到网点办理开户业务，预留相同联系地址。柜员多次询问客户开卡用途、是否是同一家公司员工，客户大多数表示否认或沉默，也有个别客户含糊回答开卡是因为被某公司招录、暑期打短工。因该网点常有附近单位新招录员工办理工资卡的情况，故网点未觉异常，受理了开户业务。

数日后有一位客户前来网点办理销户，网点工作人员询问得知，该客户为大三学生，暑期到上海打工，与某公司签订了劳务协议。该公司要求被录用的学生到银行开户，每次安排专人带去网点开户，开户后要求学生将银行卡、密码、U盾全部上交公司，之后公司为每个人远程开立证券账户，并将网上银行、证券公司短信提醒功能关闭或修改。该客户感觉蹊跷，故自行前来销户。该银行网点立即提示其他网点对此类情况予以关注，加强开户审核，拒绝此类开户，并向公安机关报告。

二、对话场景

大堂经理：您好，请问你们要办理什么业务？

客户A：我们来办理银行卡，要开通网银和手机银行。

大堂经理：现在办卡可以在智能机具上办理，你们携带身份证了吗？

客户A：我们都带了。

大堂经理：请问您办卡是什么用途呢？

客户A：现在办卡还要说用途的吗？

大堂经理：因为新开户是客户与我行建立业务关系的第一步，信息完善是为了客户账户的安全。开户办卡的时候请一定要填写完整的信息。

客户B：我们的地址是什么啊？

大堂经理：你们都住在一起吗？

客户B：呃……不是的。

客户C：我们在一个公司打短工。

大堂经理：一个客户在一家银行只能办理一个I类账户，这是为了避免开户办卡后随意出借给他人使用。所以才会要问大家开卡用途。

客户B：我们就是办工资卡。

客户A：我还要办个U盾。

大堂经理：好的，您的身份审核通过了，请收好您的U盾和银行卡。请您妥善保管，不要出租出借给他人。

客户A：晓得了！晓得了！

数日后客户A到网点办理销户。

大堂经理：您销户的原因是什么？

客户A：我在开户办卡时，还觉得您比较啰嗦，谁知道回单位之后，公司要求我们把银行卡、密码、U盾全部上交，还把所有短信提醒功能都关掉了，我觉得这种做法不合理。我卡已经交给公司了，还能销户吗？

大堂经理：您可以办理挂失销户，您的同事怎么处理的呢？

客户A：我跟部分熟悉的同事说了销户的想法。

大堂经理：您的做法是对的，针对您提供的情况，我们会立即报告公安机关，也请您及时让您的同事挂失销户。

三、评析与风险提示

在上述场景中，不法分子以招聘兼职为幌子，让应聘者交出银行卡和网上银行账户，以便控制他人账户。

个人应提高警惕、遇事冷静、多方核实，加强自身信息保护和风险防范意识，妥善保管银行卡及网银、手机银行信息，不得将银行卡取款密码、网银和手机银行密码、支付密码告知他人，谨防被不法分子利用，损害自身的诚信状况和信用记录。

对于有组织的多人开户的情形，银行应根据客户及其申请业务的风险状况，采取延长开户审查期限、加大客户尽职调查力度等措施。如发现开户理由不合理、开立业务与客户身份不相符、有明显理由怀疑客户开立账户存在开卡倒卖或从事违法犯罪活动等，银行有权拒绝开户。同时，银行也应当加强员工对风险案例、外部欺诈案例的培训学习，提高风险防范意识和业务技能，通过自身能力的提升，提高对风险事件的识别和预防能力。

场景6

老人开户搞投资 疑入非法集资圈
（老年人集体开立个人银行结算账户）

一、场景概述

　　银行网点受理了一批老年客户集体开户业务。业务办理期间，柜员询问客户的开户用途，客户先称股票投资，后又称艺术品投资，且是熟人介绍，这引起柜员怀疑，柜员随即报告网点主管。网点主管进一步询问投资公司的名称、是否本人前往投资公司确认、是否签订相关合同等问题时，客户表示一概不清楚，坚持要求开户。网点主管观察大堂情况，未发现有人集中牵头带领客户前来办理业务。随后柜员和网点主管开始向这些老年客户进行风险提示和劝说，但仍有部分客户情绪激动，不愿离开并坚持要求开户。后经网点主管反复耐心劝导，这些客户相继离开。

二、对话场景

　　柜员：您好，请问您需要办理什么业务？

　　客户：我要开卡，开通网银还有手机银行，同时还要存款和转账。

柜员：好的，请问您办卡是什么用途？

客户：用于投资。

柜员：投资是有一定风险的，您具体投资哪些方面呢？

客户：业务是村里熟人介绍的，你看我们这么多人都是来开卡的。

柜员：好的，请稍等。

网点主管：您好，请问您的投资项目具体是哪些方面？开户后资金汇往哪里？

客户：股票投资，哦不对，是艺术品投资，都是熟人介绍的，没有风险的。我就是开个账户、存个钱，你们没有必要问东问西的。

网点主管：我想再次与您确认一下，您投资的这个产品到底是股票还是艺术品？产品是经国家认证的正规交易机构发售的吗？您有没有确认过具体经营场所及资质？因为您的投资产品不确定，我们必须提醒您，防止上当受骗。

客户：交易机构这个倒真没了解过，不过我们身边的邻居朋友都这么做，不少人已经赚钱了，这个产品的收益率要比你们银行的理财产品高得多。

网点主管：产品收益率越高，风险也越大！为了保障您的资金安全，我能否跟您的家人联系一下，问一下具体情况，把情况搞清楚，等您和家人一致同意后，咱们再开户也不迟，行吗？

客户：好吧！

三、评析与风险提示

在上述场景中，客户为老年人，结伴开户，开户用途为股票投资、艺术品投资，又声称为熟人介绍，而客户本身对要投资的项目、渠道了解很少，引起了银行工作人员的关注。

银行应了解客户开户目的及账户用途，发现客户，尤其是老年客户开立账户用于股票投资、艺术品投资、煤矿投资、房地产投资、园林投资等项目的，应加强对开户用途的审核，延长开户审查期限。可通过风险提示、联系家属等方式，提醒客户避免落入非法集资陷阱。

不法分子常用股票投资、艺术品投资等幌子骗取老年客户资金，银行工作人员应提示老年客户提高警惕，不要轻信他人虚构的投资项目，采取多方核实手段，理性投资。

场景7
非居民结伴来办卡 申请用途不合理
（非居民集体开立银行结算账户）

一、场景概述

多名客户结伴持外籍护照来银行网点开立个人银行结算账户，并要求开通网银和手机银行功能。开户过程中，柜员发现，大多数人为首次入境，持旅游签证。被询问开户用途时，客户回答淘宝店收付款用，但被进一步要求提供淘宝店铺相关信息时，客户却表示还没有开店。网点主管反复与之沟通开户用途，均无法得到确切答复，最后，客户自行离去。

二、对话场景

> 大堂经理：你们好，请问需要办理什么业务？
>
> 客户A：我们要办卡。
>
> 大堂经理：好的，请填写开户信息采集表，并出示身份证件。
>
> 客户B：好的。
>
> 大堂经理：你们持有的是旅游签证啊？留的是酒店地

址吧？！请问办卡是什么用途呢？

客户A：是的，是酒店地址。嗯……用途嘛……我们开了一家淘宝店，需要用支付宝，必须绑定银行卡才可以使用。

大堂经理：请问方便提供一下您的淘宝店铺的信息吗？

客户B：淘宝店现在还没有开，打算办好银行卡之后再开。为什么办卡一定要审核用途，我正常存取款不可以吗？！

网点主管：你们好！我是网点主管，由于目前你们是旅游签证，一般并不存在普通存取款的需求；按照规定，无论是谁前来开户，我们都要核实客户的信息与真实开户用途，如果给您造成困扰，请您理解。

客户C：明白了，我们想先办张卡，以后找到工作或是开淘宝店有收入后直接用银行卡收款，更方便。

网点主管：鉴于您这种情况，为防范化解相应风险，按照有关规定，我们要相应延长审查期限，建议你们一周以后持相关证件再来我行办理。

客户：好吧，再见。

网点主管：再见，请慢走。

三、评析与风险提示

如遇以下几种开户情况，银行应加强审查力度，适当延长开户审查期限、加大客户尽职调查力度。可采取要求提供其他相关证明材料，如辅助证件、在职证明、房产证或居住证、租赁合同等，还可以通过10086等客服电话对手机号码进行查验以及实地走访、网络信息查验等方式，识别、核对客户的真实身份和开户用途。

（1）多名客户结伴持港澳居民来往内地通行证、台湾居民来往大陆通行证、外国护照等非居民个人身份证件办理开户，且客户为首次入境、入境事由不清，或声称到境内投资，但具体投资项目不清，或声称从事人力资源中介生意，但无具体工作单位和办公场所。

（2）发现多人前后办理业务时间间隔较短，出具的身份证件发证日期为同一天、且证件号码为连号。

（3）预留的联系电话归属地为异地。

（4）多人预留的联系地址为酒店地址且大多相同。

（5）要求开通网银和手机银行大额转账业务，如银行仅同意开通柜面业务则取消开户等。

在此场景中，大堂经理尽职尽责，除了查看身份证件的基本要素外，还留意到了客户持旅游签证这一特征。根据客户声称办卡用于淘宝店收款，却无法提供相关信息的情况，大堂经理判断该客户办卡用途异常。随后，网点主管通过向客户合理解释银行开户的相关规定后，巧妙化解了矛盾，杜绝了业务风险事件的发生。

场景8
多名非居民来开户　真实目的需核实
（非居民集体开立个人银行结算账户）

一、场景概述

　　多名非居民客户同时结伴至银行网点，要求开户并办理网银U盾。客户持台湾居民来往大陆通行证，称开户办卡用于工资收支。柜员要求客户出示工作证明、完税证明等辅助证明材料，客户则又改称公司在台湾。柜员观察到这一行人均身背旅行包，旅游装束非常像刚入境的游客。柜员结合监管机构的风险提示，认为在未充分了解客户真实入境事由及开户目的的情况下，为其开立全功能个人银行结算账户，不符合客户身份识别要求，婉拒了客户的开户申请。

二、对话场景

　　柜员：您好，请问需要办理什么业务？

　　客户A：我要开卡，并办理网银U盾。

　　柜员：好的，按照规定，我们需要了解一下您办卡的用途是什么？

客户B：用于工资收支。

柜员：好的，请您填写在大陆的工作单位和地址。

客户C：哦……我们工作单位在台湾，不在大陆。

柜员：也就是说你们的工作地点并不在大陆，对吗？

客户A：问那么多干什么，赶紧帮我们开卡。

柜员：不好意思，如果是这样的话，按照相关规定，我们无法为您继续办理开户业务。

客户B：你们银行怎么能随意拒绝客户开户呢？我要找你们领导，我要求投诉。

网点主管：您好，按照监管要求，我们银行必须认真落实账户管理及客户身份识别相关制度规定。对于非居民开户，银行需要尽职调查，了解开户事由，如果您是来境内投资的，需说明投资项目情况；如在境内工作，需说明单位名称及工作地址。我行要对相关情况核查真实性。

客户C：真麻烦！我不办了。

三、评析与风险提示

在上述场景中，客户持非居民个人身份证件（台湾居民来往大陆通行证）办理开户业务，当工作人员询问工作单位和地址时客户并不愿意配合，也未能提供其他辅助证明文件，银行出于风险把控考虑，婉拒了客户的开户申请。银行的这一处理措施是妥当的。

对于此类异常开户行为，银行应加强审查力度，对于客户身份信息存在疑义的，应当要求其出示辅助证件，或延长开户审查期限；对于拒绝出示或者有明显理由怀疑其开立账户从事违法犯罪活动的，应当拒绝为其开户。

场景9

公众人物来开户　专人核实防风险

（境外政治公众人物开立个人银行结算账户）

一、场景概述

　　一名境外客户到银行网点办理工资卡。柜员根据操作流程对客户信息进行了核查，客户身份核查系统提示该客户曾担任境外某政府机构高级官员，但并无其出生年月或照片等信息。柜员通过互联网进一步核实，客户姓名与境外某机构高官姓名一致，且信息在其任职期内发布。经与公开照片比对，客户与高官为同一人。柜员再次向客户核实身份，客户告知之前任职情况后，网点主管按照授权审批流程为其办理业务，并延长了开户审查期限。

二、对话场景

　　大堂经理：您好，请问需要办理什么业务？

　　客户：办张工资卡。

　　大堂经理：请问您带身份证件了吗？

　　客户：嗯，带了护照。

　　大堂经理：请您到柜台办理业务，请问您具体的工作单位是什么?

客户:我现在在××单位工作,单位财务要求在你行开户。

柜员:您好,与您确认一下,请问您在××国是从事什么工作?

客户:我之前担任××××。

网点主管:因为刚刚确认您曾在××政府部门担任要职,根据规定,我们应按照业务流程报上级分行审批,审批期间我们会派专人到您的住所及工作单位进行核实,可能需要一定时间,给您增添了麻烦,我们在此表示由衷的歉意!

客户:好的,可以理解。

网点主管:谢谢您的配合!这是我们网点客户经理的名片,今后您有需要可以拨打联系电话进行咨询。他负责上门核实具体事宜。

客户:好的,没问题。

网点主管:再次感谢您的理解和配合!

三、评析与风险提示

在上述场景中,银行工作人员采用多种方式核实客户身份。首先,通过内部系统查询发现客户曾担任境外某机构高官;其次,通过查询互联网获取客户照片等信息;最后,进一步询问客户,确认其曾担任境外某机构要职。银行工作人员对此开展了详尽的客户身份识别工作,并延长了审查期限。

客户为政治公众人物的,有可能通过其地位和影响力来实现接受贿赂、挪用政府资产等腐败行为,存在向海外转移资产的风险。对于政治公众人物前来办理开户业务,银行应加强对此类客户的开户审批力度,强化客户尽职调查,并由上级主管部门审批是否与其建立业务关系和保持业务的存续。该场景中,银行采取了延长开户审批期限的措施,有效地防范了风险。

场景10

敏感客户办业务　尽职调查需加强

（反洗钱监管薄弱国家或地区客户开立银行结算账户）

一、场景概述

一名来自联合国安理会相关决议制裁的国家或地区的客户到银行网点申请开立账户，但客户本身不属于定向制裁的个人。工作人员延长了其开户审查期限，并对其开展强化的客户尽职调查。

二、对话场景

> 大堂经理：先生您好，请问您要办理什么业务？
>
> 客户：我需要开立银行账户，并开通手机银行、网上银行。
>
> 大堂经理：好的，请您出示身份证件。
>
> 大堂经理：请问您办卡是什么用途呢？
>
> 客户：我近期在中国生活，希望办理银行卡方便日常开销。
>
> 大堂经理：请问您在中国会停留多久呢？
>
> 客户：我现在还不确定，正好路过就想开张卡。

网点主管：您好，根据监管要求，境内居民或非居民办理个人银行结算账户，银行都有义务审核客户的详细身份信息，包括客户的职业、收入、开户用途以及开户后的账户使用情况。

客户：那我怎么样才能开户呢？

网点主管：请您提供更详细的辅助身份证明信息，比如住址、电话、单位信息。待我们进一步核实之后，将会为您开立账户，当然，这需要一段时间。

客户：谢谢，我知道了，如果有需要的话，我再来开户。

三、评析与风险提示

　　在上述场景中，客户为来自反洗钱监管薄弱的国家或地区，但本人不属于定向制裁对象。银行应对此类客户加强客户身份识别，要求其提供详细的身份信息，包括但不限于职业、收入、开户用途，交易背景等。如有需要的，应延长开户审查期限。

　　为反洗钱监管薄弱国家或地区客户办理业务，存在洗钱或恐怖融资的风险。大堂经理敏锐地注意到了该客户的国籍信息，并加强对客户开户真实用途等的审核，同时网点主管对客户的质疑给予了合理解释，既安抚了客户激动的情绪，也防范了风险事件的发生。

场景11
智能机冒名把户开 机智识破未得逞
（智能机具开立个人银行结算账户）

一、场景概述

　　大堂经理通过智能机具为客户办理借记卡开户时，发现20多名客户一起开户，且同时要求开通网银、手机银行，并按照携带纸条内容留存手机号码和交易密码。大堂经理询问开卡用途时，客户们闪烁其词，声称借给朋友使用。另外，这些客户的身份证件号码前6位相同，显示来自外地同一地区，大堂经理判断这些客户开卡行为异常，婉言拒绝办理相关业务。

二、对话场景

　　大堂经理：您好，请问办理什么业务？

　　客户A：我们要办卡，还要开通手机银行和网上银行。

　　大堂经理：请到智能机具前办理业务并出具本人身份证件。请问你们办卡是什么用途呢？

　　客户A：就办张卡，刚来上海，要用的……

　　客户B：没啥用途，可能会借给亲戚朋友使用。

大堂经理：银行卡要自己保管好，不能借给他人使用，如果被他人用于违法犯罪活动，将会被追究法律责任的。

客户：哦，知道了！

大堂经理：请输入密码及预留手机号。

大堂经理：请问这个手机号码是您本人的吗？系统会发送验证码到这个手机号上进行确认的，如果不是您本人的手机号码，收不到验证码，也就无法开户了。

客户均回答：我们都是同一个预留号码，这样不行吗？

大堂经理：抱歉，留存银行的手机号码必须是您本人的。你们密码也是一样的吗？

客户C：其他银行都可以，怎么到你们这儿就不行？！

网点主管：请问你们办卡是自己使用吗？

客户A：是自己用，我还要开通网银和手机银行。

网点主管：请出示一下你们的身份证件，我再核实一下。

网点主管：如果是自己使用，为什么你们要设置一样的密码呢？设置相同的密码，卡里资金是不安全的。

客户B：这个密码容易记住，这张卡办好后要借给朋友用一下。

网点主管：对不起，先生，借记卡账户仅限于本人使用，出借银行账户是违法行为，会给您本人带来很大风险。若您的朋友利用您的账户、借助您的名义从事违法犯罪活动，您可就成了替罪羊了呀！如果您的朋友需要办卡，可以请他本人到银行来申请。

客户B：你说的好像有点道理，那今天就先不开了！

三、评析与风险提示

在上述场景中，大堂经理发现多名客户开户时，均拿着一张事先准备好的小纸条进行操作，纸条上预留了相同的手机号码和密码。大堂经理查看多名客户身份证时发现，身份证号码显示客户来自外地同一地区，且无合理开户用途，此类开户情形可疑，存在账户非本人使用，出租、出借、倒卖银行账户或从事违法犯罪活动的可能。

对于此类不配合客户身份识别、有组织同时开户、开卡理由不合理的情况，银行应强化客户身份识别并加强业务宣传，对于有明显理由怀疑客户开立账户从事违法犯罪活动等情形的，银行有权拒绝开户。同时，银行要加强风险意识宣传，使客户知晓出租、出借账户的危害，增强客户的依法合规意识，自觉规范资金交易行为。

公众也应当加强自身信息保护意识，切忌因贪图小恩小惠出租、出借银行卡，被不法分子利用，给自己带来巨大的法律风险。

场景12

代办开户存隐患　亲自办理最安全
（开立单位银行结算账户）

一、场景概述

　　银行网点柜员发现某客户多次为不同企业代办开户手续，该客户通常分批或隔天办理，预留的地址门牌号码非常接近。代办授权书看起来合规，但真实性难以确认。在业务办理过程中，该客户称自己是企业兼职财务，提供了开户所需资料和授权书。银行柜员要求其提供工作证或劳务合同等其他辅助身份证明材料时，该客户并不配合。当柜员提及要与企业法定代表人电话联系并上门核查时，该客户的反应存在可疑之处。

二、对话场景

　　柜员：您好，请问您要办理什么业务？

　　客户：我要开立一个基本存款账户。

　　柜员：我看您很眼熟呀，您前两天好像刚为A企业开立过基本存款账户，今天又要开立新的账户了吗？

　　客户：这次我要开立的是B企业的基本存款账户。

39

柜员：您是哪个企业的员工呢？

客户：我是这些公司的兼职财务，今天是B企业的法定代表人授权我来办理开户业务的，授权书在这儿。

柜员：那请您先将本次开户企业的基本信息提供一下，公司经营场所在哪里？

客户：××路××号。

柜员：这不是B企业营业执照上的注册地址呀，倒是与您上次开户企业的办公地址很接近呢。

客户：对啊，所以这些企业的财务都由我兼任。

柜员：既然您在这些企业担任财务，能提供一下相应的工作证或劳动合同之类的能证明您身份的资料吗？

客户：代办授权书已经写明我是企业财务，还有什么异议吗？

柜员：因为您同时在几家企业任职，所以需要出具员工身份的证明。

客户：我没有这些资料，法定代表人书面授权了，难道还不可以吗？

柜员：目前我行认可的授权方式分为三种：亲见、公证或者电话核实。您哪种方式比较方便？

客户：都不方便，法定代表人很忙的。

柜员：很抱歉，企业开户前，按照规定我们应当开展客户尽职调查，需要同法定代表人对开户意愿、开户目的、生产经营情况等信息进行初步了解及沟通。希望您能理解并配合！

客户：需要这么麻烦吗？法定代表人已经全权委托我了，快办吧！

柜员：很抱歉，根据相关监管规定，我们必须同法定代表人本人核实相关信息。要不，我先和法定代表人通个电话，如果确定了您的代理身份，后续我可以直接和您联系其他事宜，比如还需要到企业的办公场所看一下。

客户：这么麻烦，那算了。

三、评析与风险提示

如遇到同一代理人多次代办不同企业的开户手续、办理时间间隔较短、预留地址门牌号码接近等情形，银行应引起警觉，加强开户真实性审查。在此场景中，柜员合理要求客户提供其他证明其员工身份的材料，并根据规定提出了多种与公司法定代表人核实开户意愿的方案，均遭到了客户的拒绝。对于不配合身份识别的开户行为，银行可拒绝客户的开户申请。

企业开立单位银行结算账户，应由企业法定代表人办理或授权其财务及相关人员办理，若被授权的代理人在企业任职，需提供相关工作证明资料，切勿将开户资料交予无关人员，避免引起法律纠纷。

场景13
遗失证件被冒用　电话核实有成效
（开立单位银行对公账户）

一、场景概述

　　一名客户至银行网点申请办理对公开户业务，自称是公司财务负责人，并提供了企业营业执照、法定代表人身份证等原件。网点经办人员按要求审核了材料，均无异常。经办人员通过法定代表人身份证号码查询其在系统内预留的电话号码时发现该电话与来人提供的联系电话不一致。经办人员拨通预留电话，对方表示从未委托他人办理企业开户业务，且提示曾遗失过身份证。

　　经办人员判断，该客户所持法定代表人的证件为遗失证件，其申请开立企业账户也非法定代表人的真实意愿。网点当即拒绝开户申请，并将该法定代表人证件和企业营业执照移交公安机关处理。

二、对话场景

　　大堂经理：您好，请问办理什么业务？

　　客户A：我公司申请开立基本账户。

大堂经理：请问您在公司的职位。

客户A：我是公司的财务人员。

大堂经理：您是否携带公司营业执照、法定代表人身份证、法定代表人授权书，以及本人身份证件呢？

客户A：我都带了。

客户经理：您好，请问您是B先生吗？

客户B：我是，请问你是谁？

客户经理：我是××银行的客户经理。今天致电，是与您核实委托授权公司开户事宜。

客户B：你说什么？！我没有开过什么公司。

客户经理：请问你认识客户A吗？

客户B：不认识。

客户经理：那请问您的身份证有没有交给他人使用的情况?

客户B：没有，不过去年我的身份证遗失，已去公安局办理挂失补办手续了，这有关系吗?

客户经理：您遗失的身份证很可能被他人冒用了，我们会拒绝利用您的身份证开立账户的申请，同时会进行报警处理。

客户B：好的，谢谢!

三、评析与风险提示

在上述场景中，客户故意提供虚假企业法定代表人联系电话供银行电话核实，并且持遗失证件冒名办理银行开户，此类开户情形可疑，开立的账户有可能被不法分子利用从事违法犯罪活动。

银行应严格落实账户管理及客户身份识别相关制度规定，可采取联网核查身份证件、人员问询、客户回访、实地查访、网络信息查验等方式，识别、核对客户及其代理人真实身份。对代理企业开户的，应对其真实性、合规性加强核实，了解企业的实际控制人，杜绝不法分子使用假名或冒用他人身份开立账户。

公众应妥善保管证件，如遇身份证件遗失，应在第一时间进行挂失，切勿让不法分子钻空子，给自身带来损失。

场景14

高风险行业客户 持续识别要加强
（开立单位银行结算账户）

一、场景概述

某珠宝公司的法定代表人为管××，股东为管××、陶××。该公司拟在银行开立专用存款账户，用于存放客户拍卖的保证金。客户经理上门核实情况时，发现客户的实际控制人与原有登记信息不一致，要求客户进行变更，客户拒绝配合。同时，客户经理了解到，客户要求将专用存款账户内的资金划转到实际控制人的个人账户，资金划转方向明显不符合常理。

二、对话场景

客户潘某：我们公司两个月后要参加一个大型珠宝拍卖会，现在需要开立一个存放客户保证金的账户，保证金存入后通过我个人账户转入我们集团公司的平台，参加境外的竞拍，这样的活动我们每年大概要举办4次，交易量3亿~4亿元人民币。

客户经理：我明白了，不过客户的保证金通过您个人

46

账户划转，这不太合适吧？！

客户潘某：我们公司在境外专门有个珠宝拍卖的平台，公司内部规定就是这么走账的。

客户经理：是否方便安排我跟贵公司的管先生或者陶先生面谈一下？

客户财务主管：潘总就是我们老板，管先生和陶先生是潘总的同乡，实际上并没有出资，就是挂个名，全部都是潘总出资经营的。

客户经理：如果是这样的话，贵公司的实际控制人应该是潘总，按照规定应当更新一下贵公司的账户资料，实际控制人应当留存潘总的信息。

客户财务主管：这怎么行呢，我们公司高管信息都是保密的。

客户经理：这个您放心，客户资料我们会严格保密的！根据监管要求，在开立公司账户时，银行需要采集控股股东或者实际控制人、法定代表人、负责人和授权办理业务人员的基本身份信息。贵公司实际控制人是潘总，我们也需要登记留存潘总的信息。

客户财务主管：哪有那么麻烦，表面一致不就可以了吗？

客户经理：根据监管要求，银行应严格履行各类开户手续，执行客户身份识别制度，了解实际控制客户的自然人，实际控制人比表面的法定代表人更加重要。

客户潘某：这样的话，我们就不在你这里开户了。

客户经理：给您带来麻烦，实在很抱歉！采集企业实际控制人信息是银行的义务，对银行来说是了解客户的第一步，也是后续银企更好合作的基础。如果贵公司真的无法提供的话，我们也只能很遗憾地终止合作了。

三、评析与风险提示

在上述场景中，客户以高层个人信息保密为由，拒绝变更原在银行留存的实际控制人身份信息，并同时要求开立保证金账户，将保证金汇入私人账户，资金划转方向可疑。

对于不配合客户身份识别、有明显理由怀疑客户开立账户从事违法犯罪活动等情形的，银行应提高警惕，特别对于珠宝、房地产、拍卖行和典当行等洗钱高风险行业，银行要强化落实客户身份识别要求，严格审核，了解企业的实际控制人信息。根据客户及其申请业务的风险状况，可采取延长开户审查期限、加大客户尽职调查力度等措施，必要时应当拒绝开户。

企业若发生企业名称、实际控制人等信息变更时，除了到工商局办理变更手续外，也应及时前往银行办理信息变更手续，积极配合银行开展客户身份识别工作。

场景15

开户手机非本人　频看手机不正常
（开立个人银行结算账户）

一、场景概述

多名客户至银行网点开立个人银行结算账户，大堂经理在与其沟通过程中发现，凡是涉及开户信息的，多名客户均存在通过手机指示回答的情况。执勤保安反映该批客户在网点门外聚集，有预谋组团开户的嫌疑。进一步核实后发现，该批客户使用的手机号码为连号或相近的号码。在询问客户过程中，多名客户不同程度表现出回答迟疑及回避回答的情况，且无法提供本人手机号码实名认证的材料，最终在银行工作人员反复提示开户风险后，该批客户放弃办理开户业务，匆忙离开网点。

二、对话场景

大堂经理：您好，请问办理什么业务？

客户：我要开张卡，还要开通手机银行和网上银行。

大堂经理：我们可以到智能机具办理。请出示您的身份证件，您办卡是什么用途呢？

客户：啊？哦，我看看手机……

客户：领取工资。

大堂经理：请问您在哪个单位工作？

客户：××有限责任公司。

大堂经理：您的单位地址在哪里？

客户：浦东新区……

大堂经理：那您的家庭地址是？

客户：闵行区……

大堂经理：您刚才需要看手机输入手机号码和家庭地址，是不记得了吗？

客户：我……记不住。

大堂经理：为什么设置密码的时候也看手机呢？

客户：呃……这个……都……都在手机里呀！

大堂经理：请您出示一下本人手机号码实名认证的材料。

客户：这个我现在提供不了。

大堂经理：开卡预留的手机号码必须为您本人实名认证的号码，银行卡、网银仅限于本人使用。若借给他人或出租出售给他人，都是违法的。不法分子很可能利用您的银行卡和网银从事非法活动。

客户：这么严重？！

大堂经理：如您本人确有开户需求，请改天携带身份证明材料，用本人手机号码再来办理业务。

客户：好吧！那我今天先不开了吧。

三、评析与风险提示

在上述场景中，办理业务的大堂经理保持敏锐的观察力和高度负责的工作态度，发现客户输入各项密码、预留手机号码等个人信息时均依赖手机指示，回答提问吞吞吐吐，行为可疑。遇到手机号码非本人实名使用、同批开户人员预留手机号码相似等开户情形的，银行应严格审查客户身份信息，明确客户开户意图，确认是否为自愿开户。

同时，银行也应做好客户风险提示，告知客户银行卡非本人使用的危害性。如有可疑开户行为，银行可采取延长开户审查期限等措施，必要时有权拒绝为客户办理业务，并应提示其他网点注意对此类客户的审核，从源头上杜绝外部欺诈风险。

场景16

开户理由不明确　网聊内容存疑点

（开立个人借记卡）

一、场景概述

　　某客户到银行网点开立个人借记卡，营业网点了解到该客户因找工作加入了一个网聊群，并按照群主的指示开立账户。群主要求留存统一的密码和地址，并声称开户成功后可取得一定的报酬。银行工作人员发现客户对开户用途及实际使用人并不清楚，对客户进行了风险提示，婉拒了客户的开户申请。

二、对话场景

　　柜员：您好，请问需要办理什么业务？

　　客户：来办张银行卡。

　　柜员：好的，请问您携带本人身份证件了吗？

　　客户：带了，开卡要设的密码我也一并给你。

　　柜员：张女士，取款密码您自己输入，不需要告诉我。请问您办卡具体的用途是什么？

　　客户：我……就办张卡呀！

柜员：为保护客户的账户安全，我们需要了解您的办卡用途。

客户：我在网上加入了一个招聘群，群主要求我办卡，办卡用途我不清楚。办一张卡对方给我50元。

网点主管：张女士，借记卡是您的个人账户，不可以出借或出租给他人使用。办理借记卡必须是您本人真实的意愿，一定要本人使用。如果您的账户被人利用从事洗钱等违法犯罪活动，您也将有协助违法犯罪的嫌疑呀！您可以再核实一下网上招聘信息的真假，以及办卡用途是否合法。如果有什么疑问可以再来咨询我们。

客户：好的，我有需要再来办理吧！谢谢！

三、评析与风险提示

在上述场景中，客户按照他人指示开户，领取一定报酬，存在被不法分子利用的风险。不法分子通常以网上发布信息、发放传单等方式，吸引一些人将闲置或新开的银行卡出售。银行工作人员在发现异常情况后，及时向客户提示风险，拒绝了客户的开户申请，并应当提示其他网点注意类似的开户情形。

公众应做到不将身份证、银行卡、网银U盾等出借、出租、出售给他人，不要因为贪图小利小惠而造成更大的经济损失，甚至承担法律责任。一旦发现买卖银行卡和身份证的违法犯罪行为，公众应及时向公安机关举报，配合公安机关或发卡银行做好调查取证工作，共同维护公平诚信的良好社会秩序。

场景17
虚假信息申网银 持续识别无进展
（个人客户办理网银业务）

一、场景概述

客户申请办理网银U盾，银行柜员向其询问所在小区的名字及邻近的道路名，客户回答混乱，明显不熟悉环境。柜员通过互联网查询到客户所填住址并不存在。客户声称从事电脑产品微商，日常资金转账较为频繁，需要办理U盾。银行告知需进一步核实信息，延长业务办理时间。第二日，银行对客户电话进行回访，发现客户登记号码为关机状态。

二、对话场景

柜员：您好，请问您是要申请网银吗？

客户：是的，我要有U盾的那种。

柜员：请问您是做什么工作的？

客户：我是做微商的，小生意。

柜员：请问您的联系地址是哪里？

客户：阳光小区吧！

柜员：请您说一下具体地址，联系地址需要录入系统。

客户：好像是××路，××号××室。

柜员：请问您的手机号码是多少？

客户：×××××××××××。

柜员：普通的网银转账不一定要开U盾的。

客户：不行不行，我业务量多，转账比较频繁，一定要用U盾。

柜员：您好，对于开立U盾的用户我们需要进一步核实信息，这可能需要几天时间，核实信息通过后我们会第一时间通知您来领取U盾的。

客户：好吧！没想到这么麻烦……

58

三、评析与风险提示

在上述场景中，柜员积极主动与客户交流、核实信息，表现出很高的随机应变能力和判断力。当柜员发现客户言辞闪烁、无法完整、准确地说出个人信息这一疑点时，延长了业务办理时间，并在第二天拨打客户的预留电话，无法联系本人。银行应加强客户身份信息和开户信息的查验，发现可疑情况的，可采取延长业务办理时间的措施。在此场景中，还可以在依法合规的前提下，向客户提供的第三方微商平台发起尽职调查，核实客户身份信息及经营范围等情况。

此类情形可能存在使用虚假信息开立个人银行账户和开通电子银行功能，进而从事非法活动的风险。如果该柜员没有高度的责任感和敏锐的警惕性，仅简单地依据制度流程行事，具有较大的潜在风险。

场景18
开户环节严把关　身份识别要落实
（公司申请开立美元结算账户）

一、场景概述

　　某公司经办人到银行申请开立美元结算账户，经办人自称是该公司的财务人员。银行向经办人了解该公司的基本信息时，经办人表示并不了解公司的业务情况。银行随即提出实地拜访，经办人又表示公司还没有租到办公场地。根据上述情况，银行延长了办理开户业务的期限，待该公司确定办公场地后再进行实地拜访，进一步了解其经营情况。

二、对话场景

　　客户经理：您好！请问需要办理什么业务？

　　客户：我是××公司的财务。公司要开立一个美元结算账户。

　　客户经理：好的。请把开户申请和相关资料给我。请问贵公司在我行办理过业务吗？

　　客户：没有。

客户经理：为了我们更好地提供服务，您能否介绍一下贵公司的基本情况？目前公司有多少人？主要经营什么业务？

客户：我只是帮公司做做账。业务上的事情，我不清楚。

客户经理：好的，那贵公司在哪里办公？方便的话，这两天我去登门拜访。

客户：公司正在寻找合适的办公场地。

客户经理：我们需要了解自己的客户，才能更好地为客户提供金融服务。是否等贵公司确定了办公场地，我们现场拜访后，再继续办理开户？

客户：好吧……那以后再联系。

三、评析与风险提示

银行在开户环节，应当遵循"了解你的客户"原则，切实履行客户身份识别义务。对公司客户，银行可以采取人员问询、实地拜访、网络查验等合理措施，从经营资质、业务范围、股权结构等多方面进行了解。对于异常开户情形，应当进行严格审查，加大尽职调查力度，以免为不法分子提供可乘之机。

在本场景中，该公司的财务人员到银行柜面申请开立美元结算账户。当银行询问公司情况时，财务人员表示并不清楚业务信息，还告知银行该公司正在寻找办公场地，这种情况应当引起银行关注。当然，一些通过代理记账机构管理财务事项的新设公司有可能出现这种现象。基于加强开户管理的考虑，同时考虑客户的实际情况，银行适当延后了开户业务的办理期限，待实地查访后再决定是否开户。

场景19

境外取现有异常　联系客户问情况
（境外取现）

一、场景概述

　　银行关注到某客户的银行卡连续出现异常的境外ATM取现交易。为进一步了解交易背景和目的以核查其合理性，银行安排柜员拨打该客户预留的手机号码进行电话回访。在回访中，客户确认是其本人在境外办理了ATM取现交易，初步排除了银行卡内资金被盗用的可能性，同时客户自称取现资金用于代购。

二、对话场景

　　柜员：您好，我是××银行的工作人员。请问您是A先生吗？

　　客户：是的。

　　柜员：您是我行客户，现在想对用卡情况做个回访，请问您是否方便呢？

　　客户：好的。

　　柜员与客户核对身份信息后，开始回访谈话。

柜员：请问您最近是否去过外地？

客户：是，出境去了B地。

柜员：对账单显示您名下尾号为××××的银行卡在当地的ATM上多次办理取现。请问是您本人办理的吗？

客户：是我本人。

柜员：您可以直接在当地商户刷卡消费。境外取现的手续费比较高。

客户：当地一些商户不接受刷卡消费，我只好从银行卡里取现金。

　　柜员：先生，我行针对出境人员的不同需求设计了多款金融产品。为了准确了解您的需求，请问您在当地取现的用途是？

　　客户：我一直在做海外代购。

三、评析与风险提示

　　银行卡的境外取现功能，为出境个人带来了便利。但是，有一些境外提现的异常交易，明显超出了旅游、购物、留学等合理需求。一些不法分子滥用银行卡的境外取现功能实施犯罪，例如，窃取被害人的银行卡信息并制作伪卡，使用伪卡在境外ATM取现；或在境内大量办理银行卡后，在境外ATM支取外币现钞，非法经营外汇业务。

　　在本场景中，银行关注到客户的银行卡出现异常的境外ATM取现交易。通过电话回访客户，银行一方面了解取现交易是否为客户本人办理，以确认客户的银行卡是否安全；另一方面了解取现的用途，以便评估交易的异常程度和风险状况。银行后续可以进一步将电话回访获取的信息，与其他尽职调查资料相整合，采取有效措施进行甄别和验证，切实做好风险防控。

场景20

异常信用卡消费　争取持卡人配合
（信用卡消费）

一、场景概述

　　银行发现某客户持有的一张信用卡出现异常消费交易，于是对该客户电话回访。客户虽然确认相关交易由其本人操作，但表示记不清楚具体情况，且没有随身携带发票，无法说明消费的内容和商户的名称。银行向客户说明了回访的作用及保密的承诺，客户最终表示愿意配合。

二、对话场景

　　银行员工：您好！我是××银行的工作人员。请问是A女士吗？

　　客户：是的。

　　银行员工：您是我行的信用卡客户。本次来电是想确认您尾号为××××信用卡的消费情况。

　　客户：好的。

　　银行员工：您××月××日是否有一笔金额为××××

元的消费？

客户：是的。

银行员工：请问这笔交易是您本人操作吗？

客户：是我本人。

银行员工：请问您当时是在哪一家商户消费？

客户：过了好几天，不大记得了。

银行员工：请问您是购买了什么物品？还是接受了什么服务？

客户：也不记得了。

银行员工：这笔交易金额较大，您是否保存了发票呢？

客户：有的。

那我再找一找发票吧！

请放心，我们银行会严格履行为客户保密的义务。您对我行电话回访的理解和支持，会帮助我行对您金融交易的信用做出更准确的评估，以便今后为您提供更好的金融服务。

银行员工：那能否麻烦您把发票的复印件提供给我们？

客户：不方便。

银行员工：如果不方便提供发票，那能否请您查看一下，然后告知我们消费的内容和商户的名称？

客户：发票没在身边。

银行员工：请放心，我们银行会严格履行为客户保密的义务。您对我行电话回访的理解和支持，会帮助我行对您金融交易的信用做出更准确的评估，以便今后为您提供更好的金融服务。

客户：那我再找一找发票吧！

银行员工：好的！谢谢您的配合！我明天再联系您。

三、评析与风险提示

在我国金融助力消费升级的大背景下，各家银行不断推广信用卡业务，发卡量持续增长，交易额不断攀升。与之相关的风险逐渐增大。从银行的角度来说，信用卡恶意透支的情况加大了催收难度，推高了不良信贷水平；从持卡人的角度来说，不法分子窃取信用卡信息及密码后盗刷信用卡，侵害了持卡人的合法财产权益。围绕信用卡的发卡、消费、还款等各环节，一些违规操作甚至非法"中介机构"的存在加剧了信用卡业务风险。

目前，各银行针对信用卡交易的风险，普遍建立了监测系统。系统发现的预警信息会通过人工甄别来确认或排除。银行在甄别过程中，一方面可以运用此前客户尽职调查的结果，核查信用卡交易的真实性、合法性；另一方面也可以询问持卡人或特约商户，了解消费交易的背景和用途，从而对交易的可疑程度和风险状况作出准确的评估。

场景21

公司收付超亿元 大额资金需关注

（企业通过网银渠道汇划资金）

一、场景概述

某小型贸易公司经办人员前往银行网点开立公司一般结算账户，并申请开通了企业网银业务。数日后，该账户收到2笔来自张某的汇款共计3亿元，以及2笔来自A国际贸易公司的汇款共计1亿元。该账户收到上述4亿元汇款后，迅速通过企业网银渠道汇至B商贸有限公司和C国际贸易有限公司。发现该账户有大额资金进出后，银行网点立即电话联系企业财务了解有关情况。

二、对话场景

客户经理：您好，我是××银行的工作人员。最近，贵公司的账户有大额资金进出。为了保护贵公司的资金安全，也方便我们银行今后提供更好的服务，我需要向您了解一下情况。

企业财务：好的。

客户经理：请问贵公司收到张某两笔汇款，总计金额3

亿元。您是否认识汇款人张某？

　　企业财务：张某是我们公司的客户。这两笔款项是贸易结算款。

　　客户经理：那A国际贸易公司汇来的两笔共计1亿元汇款，您是否方便也说明一下用途？

　　企业财务：那也是贸易结算款。

　　客户经理：这些钱又转给了B商贸有限公司和C国际贸易有限公司，用途分别是什么呢？

　　企业财务：这些款项都被用于贸易往来结算。我今天很忙，就这样吧！

　　客户经理：银行向客户核对账户的大额资金进出，主要是为了保证客户账户资金安全，同时方便银行根据客户的实际需求提供适当的金融产品。谢谢配合！

三、评析与风险提示

　　目前，对于单位结算账户的大额付款业务，各银行普遍建立了相应的风险控制机制，例如严把开户关口、大额付款查证、银企对账、资金监测等。

　　在本场景中，一家新开户的小型贸易公司在短时间内通过网银发生了数亿元人民币的资金收付，引起了银行网点的关注。银行安排工作人员与公司财务人员电话联系，一方面从资金安全的角度，提示客户留意相关大额收付；另一方面也是履行"了解你的客户"义务。银行后续还可以通过实地拜访等其他方式进一步了解有关情况。

场景22

大额汇款买理财　提醒客户防风险
（个人柜面汇款）

一、场景概述

　　客户至银行柜面，要求办理较大金额的汇款。为防范电信诈骗风险，柜员在办理业务前，提示客户是否认识收款人、是否清楚汇款的用途。客户起初表示不知道汇款的用途，之后拨打朋友电话询问，又向柜员表示汇款给自己的朋友，用于购买理财产品。柜员再次提醒客户防范投资理财的相关风险。

二、对话场景

　　柜员：您好！请问要办理什么业务？

　　客户：我要汇款25万元。

　　柜员：为了保护您的资金安全，在办理大额汇款业务前，我需要例行问您几个问题。请问您认识收款人吗？

　　客户：认识，是我的朋友。

　　柜员：请问您汇款的用途是？

　　客户：这个我也不太清楚。算我借给他的可以吗？

柜员：您的汇款金额较大。为了资金安全，建议您核实用途以后再汇钱给对方。

客户：好的。（客户随即在柜面拨打电话）

客户：汇款的用途是购买理财产品。我朋友的理财产品有15.9%的利息！比银行利率高多了！

柜员：理财不能只看收益，还得算算风险。您还得了解一下是哪家机构发售的理财产品？募集的资金投资在什么地方？承诺的收益有没有合理的保障？咱们一定得有风险意识。

客户：你说的也有道理。那我先回去了解一下。

三、评析与风险提示

近年来，电信网络诈骗犯罪高发，社会影响恶劣。各银行有针对性地采取了多种措施，例如，在办理相关柜面业务前，请客户阅读安全提示材料；在自助机具和网上银行的相关业务界面增加风险提示文字；发现客户疑似被骗，主动进行询问或协助报警处理等。这些措施拦截了相当数量的电信网络诈骗案件，为客户挽回了损失。

在上述场景中，客户要求办理二十多万元的汇款，金额较大。柜员从防范电信网络诈骗风险的角度出发，询问客户是否认识收款人、是否知道汇款的用途。客户声称要汇款给自己的朋友，用于购买理财产品。柜员再次提示客户防范投资理财的相关风险。后续，银行应当继续保持关注，在柜面获取信息的基础上，结合客户身份识别、资金交易甄别的情况，切实防范电信网络诈骗、非法集资活动等风险。

场景23

公转私异常交易 需关注付款依据

（单位银行结算账户向个人银行结算账户转账）

一、场景概述

　　银行发现某公司账户频繁发生"公转私"交易，通过网银将大量资金划转到该公司法定代表人的个人账户。银行派工作人员上门了解相关情况。该公司财务经理表示，公司对外发售理财产品，因为收益率较高，所以受到投资者的欢迎，但拒绝介绍投资项目信息。财务经理还表示，因投资项目用款较急，在客户的投资款到账前，该公司的法定代表人垫付了相关投资项目的资金，因此该公司收到客户投资款后，转账给法定代表人以归还垫款。银行进一步要求该公司提供借款协议，并解释了相关政策。

二、对话场景

　　客户经理：您好，我是××银行的客户经理。这次登门拜访，主要是为了维护客户关系，提高服务质量，了解贵公司经营情况。

　　财务经理：好的。我们公司主要从事资产管理，发行的理财产品都有很好的回报，有的收益率达到了20%。有很多人把钱交给我们，委托我们进行投资。

客户经理：贵公司投资了什么项目？项目有政府部门的批文吗？

财务经理：不好意思，这涉及我们内部商业信息，不方便透露。

客户经理：贵公司账户有很多资金转到了法定代表人的个人账户，方便说明一下原因吗？

财务经理：这是归还之前公司向法定代表人的借款。

客户经理：您之前说公司的资金来源是个人的投资款，为什么会用来归还法定代表人的借款呢？

您之前说公司的资金来源是个人的投资款，为什么会用来归还法定代表人的借款呢？

因为法定代表人先垫付了项目资金，所以个人的投资款一到位，就要还给法定代表人。

财务经理：因为法定代表人先垫付了项目资金，所以个人的投资款一到位，就要还给法定代表人。

客户经理：那能否提供公司与法定代表人之间的借款协议呢？

财务经理：这涉及我们公司的内部信息，不能对外提供。

客户经理：贵公司向法定代表人转账的金额较大。按照转账业务的管理规定，贵公司需要向银行提供相关的付款依据。

财务经理：那我向公司领导汇报之后，尽快回复你吧！

客户经理：对贵公司的商业秘密，我们银行一定会严格保密。这一点请您放心！

三、评析与风险提示

单位银行结算账户向个人银行结算账户转账（习惯称为"公转私"）时，单笔金额超过5万元的，付款单位需要在付款用途栏或备注栏注明事由。如果银行经过合理的分析和甄别，发现"公转私"交易确有异常，可以请付款单位提供书面付款依据或者相关证明文件。付款单位及时提供相关依据，有助于银行对交易风险作出合理评估和审慎处理；付款单位拒绝提供依据或者提供的依据不符合规定，则会影响到继续办理转账交易，甚至进而影响到本单位与银行之间的业务关系。

在上述场景中，银行发现某公司频繁发生"公转私"，于是派出客户经理实地走访，了解情况。该公司财务经理称"公转私"是为了归还法定代表人垫付的项目资金，但以涉及内部信息为由，拒绝提供书面协议等证明材料。对此，客户经理从业务管理规定和银行保密义务两个方面进行解释，打消对方的疑虑。银行后续应当根据该客户是否提供付款依据以及依据是否符合规定，进一步作出详细的分析和甄别。

场景24
证件逾期需更新　以免业务被中止
（单位证件过期需及时更新）

一、场景概述

　　银行注意到某单位在开户时提交的证件已过有效期，于是致电该单位的财务人员，告知其尽快携带更新的证件至营业网点办理有关手续，并向其提示，在证件已过有效期的情况下，如果客户没有在合理期限内更新，而且没有提出合理的理由，银行有义务中止办理业务。该单位财务人员未按照银行的建议办理证件更新手续。一段时间以后，财务人员发现无法通过网银划转资金，联系银行的客户经理，了解到原因是单位在银行留存的证件早已逾期，表示很快就来办理证件更新手续。

二、对话场景

　　客户经理：××先生，您好！我是××银行网点的客户经理。今天联系您是因为贵单位在我行留存的证件已经过期，您需要到我们银行网点办理证件更新手续。
　　客户：这么麻烦！我最近很忙，没有空去银行！

客户经理：先生，根据规定，预留证件已过有效期的，需要办理更新手续；如果一直不更新证件，又没有合理的原因，银行有义务中止为客户办理业务，会影响到贵单位使用账户的。

客户：我们单位的管理很严格。拿单位证件外出，需要提申请、走流程，一大堆事呢！

客户经理：如果您不方便外出，我们银行也可以派出工作人员，上门办理证件更新的手续。

客户：这段时间很忙，不方便。

（一段时间以后，客户主动打电话联系银行。）

客户：××银行吗？我们单位的账户怎么无法划转资金？

客户经理：您好，麻烦提供一下账户号码，我查一下。

客户经理：贵单位在我行预留的证件已经过期一段时间了，一直没有更新。

客户：原来是证件更新的事。你们打过好几个电话催我，还约过上门办理。不好意思，那段时间我确实很忙，这两天我就来办。

客户经理：好的！感谢您配合我们的工作！

三、评析与风险提示

按照《金融机构客户身份识别和客户身份资料及交易记录保存管理办法》的相关规定，客户先前提交的身份证件或者身份证明文件已过有效期的，客户没有在合理期限内更新且没有提出合理理由的，金融机构应中止为客户办理业务。目前，各金融机构都采取了相应措施，通过发布公告、发送短信、电话联系等方式，提示客户及时更新已经过期的身份证件。

确保客户提交的身份证件在有效期内，是金融机构履行客户身份识别义务的重要内容。这项工作的顺利开展，有赖于广大客户的理解、支持和配合。如果先前提交金融机构的身份证件或者身份证明文件已经过期，为了避免影响使用各项金融业务，客户要及时办理更新手续，如果遇到客观的困难，也应及时将合理的理由告知金融机构。

场景25

账户网银被限制　后续工作须跟进
（银行对账户采取限制措施）

一、场景概述

　　某客户的账户交易异常活跃，存在大量资金转入转出交易，交易金额巨大，过渡性质明显。银行按照"了解你的客户"原则，致电该客户询问相关交易背景。该客户表示交易是做生意的资金往来，但以涉及隐私为由，拒绝向银行提供交易背景情况及相关证明资料。银行基于审慎原则，调整了向该客户提供的金融服务内容，暂停其账户的网银业务，通知该客户到柜台办理业务，以便进一步分析甄别客户交易信息。

二、对话场景

　　工作人员：您好！请问是A先生吗？我是B银行的工作人员。

　　客户：是的，什么事？

　　工作人员：您在我行开立的个人结算账户，近期交易十分频繁。为了您的资金安全，想了解一下具体情况。请

问交易资金的主要用途是什么？

　　客户：只是做点生意而已。

　　工作人员：如果您方便的话，可以介绍一下您生意的情况吗？或者向我行提供合同、发票等有关交易资料？我们可以结合您的交易背景，为您推荐适当的金融服务。

　　客户：账户里的钱都是自有资金，没有交易资料。生意情况属于我的隐私。

　　工作人员：按照规定，银行需要了解交易背景情况，请您理解。对客户的隐私，我们也会严格依法保密，请您放心。

　　客户：没有就是没有！

三、评析与风险提示

随着互联网的普及，网银业务逐渐成为单位和个人进行资金划转的重要方式。在提升交易结算便利性、快捷性的同时，网银业务的风险也引起广泛关注。例如，不法分子通过"钓鱼网站""木马软件"等手段非法获取被害人的网银密码等信息，继而通过网银划走被害人账户内的资金；再如犯罪分子开立账户接收赃款，随即通过网银在极短时间内快速划转，进行转移。

对于网银业务的风险，各银行均建立了相应的工作机制，防范金融服务被犯罪分子滥用，保障客户的资金安全。一方面，银行发现账户存在异常交易时，应当按照"了解你的客户"原则，对交易背景进行调查和分析，合理评估交易的异常情况，在妥善保护金融消费者正当权益的同时，依法合规采取适当的风险管控措施。另一方面，公众在使用网银业务时，也要注意资金安全和自我保护，不要轻易向陌生账户汇款，更不要随意出租或出借自己的金融账户和网银U盾，以防被别有用心的犯罪分子利用。

二、非银行业

场景26
帮忙开户赚外快 警示教育劝客户
（开立个人证券账户）

一、场景概述

多人前往某证券营业部开立证券账户，客户经理发现这些人年龄相仿，学生气质浓厚。客户经理经过初步的资料审查后，发现这些客户均为1996年至1997年出生的某高校学生，不太具备相关证券知识以及投资经验。在开立证券账户时，多名学生填写相同的手机号。客户经理深入了解后得知，他们开立这些证券账户不是为了本人进行证券交易，因此婉拒了这些学生的开户申请，并对这些学生进行了身份信息安全管理、账户安全管理等知识的普及。

二、对话场景

客户经理：请问有什么可以帮你们的吗？

客户A：我们几个想开股票账户，炒炒股。

客户经理：好的，感谢你们选择我们证券公司。你们是附近××大学的学生吧？

客户A：是的。

客户经理：在开户之前，我们例行需要向你们询问一下基本情况，各位平日对股票投资有了解吗？

客户A：不怎么了解的……

客户经理：股市有风险，入市需谨慎呀！

客户B：我们先开个户，也不一定会真的买股票，你先帮我们开户吧！

客户经理：我看了大家填写的信息，各位填写的信息都很一致，手机号码也相同，按规定需要向各位做进一步的信息确认。请问这个手机号码是哪位的呢？

客户B：那个……我也不清楚。

客户经理：我们之前也遇到过类似情形，后来发现客户开户是为了出借给别人用的。根据相关规定，投资者应当使用以本人名义开立的证券账户，不得违规使用他人证券账户或将本人证券账户提供给他人使用。否则，是需要承担相应的法律责任的。

客户C：这么严重？我们只是想赚点外快。有人在学校发广告，说帮开立一个证券账户给100元，大家觉得这钱还挺好赚的。

客户经理：这种钱可不能赚！大家应该注意保管好个人信息，千万不要将自己的身份证件、银行卡等重要信息告知他人，更不要出租、出借自己的证券账户、银行账户等。

客户A：好的，那我们先不开了，感谢提醒我们！

客户经理：不客气的，如果你们需要本人使用证券账户时，欢迎再来开户！

三、评析与风险提示

不法分子抓住大学生收入低、想赚外快的心思，在学校里推广有偿开户。再加上大学生的自我保护意识较低、风险意识不足，不知道出借个人证券账户或银行账户可能造成的严重后果，因此容易上当。

在此场景中，证券公司客户经理对于客户的异常开户情形进行了严格审查。客户经理仔细观察了前来开户人员的年龄和身份特征，进而判断出客户的具体身份；在客户填写登记信息时进行了认真审核，发现不同客户填写的手机号码均相同，存在疑点；在了解具体情况后发现客户本人并不了解真实开户目的及实际用途，存在出租、出借账户的风险。综合以上几点，客户经理拒绝为其开户，并提示其账户出借的风险和后果。

公众应当清楚了解，证券账户必须本人使用，不将交易密码告知他人，提高自我保护意识，避免被卷入洗钱等犯罪活动。

场景27
网聊群里出内幕 提示客户勿轻信
（开立证券账户）

一、场景概述

　　一位40多岁的女士带着一位视力不佳的50多岁的男士来证券营业部开户。客户在做风险测评时眯着眼睛，花了很长一段时间才完成测评。客户经理发现客户的评估得分较低，推测其对证券市场不够了解，风险承受能力较低，需要进一步沟通。之后客户经理进一步了解，两位客户加入了某微信群，得到"高人"指点，声称有"内幕消息"可以稳赚不赔。客户经理察觉异常情况，对客户提示了投资风险，说服客户提高警惕，谨慎行事。

二、对话场景

　　客户经理：请问有什么可以帮两位的？

　　客户A：我朋友想开个账户炒股。

　　客户B：A说现在行情不错，赚了点钱，我就想跟着炒炒股，赚点小钱。

　　客户经理：股市有风险，入市需谨慎。请您先做一个投资者适当性测评。B先生，我看您视力不太好，平时看行情方便吗？

客户B：放心，放心，不用看行情，我们最近加入了一个微信群，还交了会员费，里面有不少投资大师指导我投资。朱大师你们知道吗？他也在我们的群里面，只要跟着他做，不会有问题。

客户经理：可能您之前没怎么炒过股吧？网上有不少提供非法证券咨询的，专门针对投资经验缺乏的人群，以"内幕信息"为诱饵，骗取会员费。

客户B：怎么会骗人啊？A也是会员，刚入会就通过群里面的内部信息，赚了些钱。

客户经理：A女士您好，这种手段其实挺常见的，对于新入会的会员，他们的确推荐了几个比较不错的股票，但是您仔细想想，是不是后来也亏过几次。

客户A：你这么一说，好像是的，这两天给我介绍的几只股票都跌得挺多的，不过他们跟我说了，这波跌完之后，会马上拉升上去的，让我不用急。

客户经理：根据你们说的情况，这属于利用网络等媒体从事非法证券活动的行为，他们大都没有证券相关从业资格，千万不要相信他们推荐的股票了。

客户B：真的啊？！看来我们的确是被骗了，还是你们证券公司的人了解情况，及时提示我们，要不然我们就亏大了，那还是先不开户了。

客户经理：希望您以后提高警惕，遇到相关问题请先咨询一下专业人士，以免上当受骗。

三、评析与风险提示

在上述场景中，证券公司客户经理根据观察的情况并运用了投资者适当性测评结果，判断客户的风险承受能力较低，不适合进行风险投资操作。

进一步了解发现，客户加入了某微信群，微信群内有"投资大师"和"内幕消息"，不排除该微信群存在利用社交媒体从事非法证券活动的嫌疑。证券公司及时提示风险并说服客户提高警惕，谨慎行事。

此外，客户经理可以对客户展示的微信群界面及相关内容予以保存，并进一步了解情况，如确有违法嫌疑，应向行政主管部门及时报告，防止更多群众受骗。

场景28
人脸识别高科技　伪冒身份被揭穿
（第三方支付账户申请）

一、场景概述

　　某客户在第三方支付网页上提交了身份证件号码、姓名、职业、性别、国籍、地址、联系方式等注册信息，并通过了手机校验码的验证。客户随后在银行卡验证中绑定了某银行借记卡。

　　第三方支付的实时风险防控系统通过客户使用的设备、IP等信息识别客户的认证行为存在异常，该设备在一个月前存在假冒他人注册的可疑情形。客户的本次注册行为与一个月前的相似，实时风控系统限制了该账户注册，并向客户推送了要求人脸识别的消息，以确认账户是客户本人使用。客户借故手机没有视频功能拒绝进行人脸识别。随后，客户通过提前准备的信息，找出该账户所属身份信息人的照片和视频，打开第三方支付平台，要求进行人脸识别。实时风险防控系统监测客户的人脸识别过程时怀疑其使用事先录制的视频，而非"真人"，判别身份校验不通过，拒绝了客户第三方账户的注册申请。

二、对话场景

客服人员：您好，有什么可以为您服务？

客户：我的账户无法注册，能帮忙解除限制吗？

客服人员：为了您的资金安全，请您按照系统的提示通过人脸识别完成身份验证，就可以正常使用了。

客户：我的手机没有视频功能。

客服人员：您可以使用家人、朋友等人有摄像头功能的手机，或者用iPad完成身份验证。

客户：这么麻烦！

三、评析与风险提示

在上述场景中，账户申请人拒绝实时视频进行人脸识别，并且提前准备照片和视频，想蒙混过关。支付机构严格按照相关规定认真核实客户身份信息，并通过实时风险防控系统加强了客户身份识别，有效阻止了冒名开户行为。

近年来，个人身份信息泄露事件频发。公众应树立个人身份信息的安全保护意识，防范因信息泄露而导致被冒用身份的风险。金融机构及支付机构应高度重视客户身份信息的核实工作。

场景29

办理业务缺证件　金钱利诱行不通

（开通支付机构线上支付业务）

一、场景概述

某娱乐公司向某支付机构申请开通线上支付业务，但娱乐公司无法提供完整的资料，娱乐公司老总利用支付机构客户经理在其公司洽谈业务之际试图利用金钱利诱客户经理完成开户手续，客户经理拒绝了客户开户申请，坚持证照齐全方可办理的规定。

二、对话场景

客户：我们想开通线上支付，需要提交哪些资料啊？有些机构只要提供身份证就可以申请的！

客户经理：按照规定，您需要提交贵公司的证件资料，包括营业执照、您的身份证原件等。由于贵公司经营的是网络直播业务，需要有相应的许可，比如网络文化经营许可证。

客户：什么？还要网络文化经营许可证！我们有营业执照就说明我们是合法经营的，干吗还要网络文化经营许可证啊？！

客户经理：网络直播属于特殊行业，需要取得网络文化经营许可证才能运营。

客户：兄弟，不瞒你说，这个证我还没办下来，但你们不会有生意不做吧？我可以给你们公司2万元接入费，如何？

客户经理：谢谢您，但是我们不会收您的钱的。这是最基本的证件审核要求，否则无法通过我们公司的客户准入审核。

客户：你给想想办法，总归有办法的！

客户经理：很抱歉，要不我们的合作先等等，等您办下来后，随时找我。

三、评析与风险提示

在上述场景中，娱乐公司经营网络直播业务的证照资料不齐全，却试图以支付接入费利诱支付机构为其办理业务。客户经理严守合规底线，坚持要求提供齐全的资料后才能办理业务。

根据国家商事管理制度，部分行业经营须取得行政许可，比如娱乐场所、医疗机构等。在审查此类商户准入申请时，为准确了解客户信息和业务性质，可将行政许可取得情况作为尽职调查内容之一。

场景30
实地探访作核查 疑点频出似套现
（办理银行卡收单业务）

一、场景概述

　　客户申请安装POS机，客户经理在实地核查过程中，发现客户店面陈列商品较少，且办公桌异常杂乱，堆放了各种传单，还有大量信用卡申请表和多部POS机具。在交谈中，客户异常关注对信用卡刷卡是否设置额度及信用卡刷卡资金能否当天到账等问题。上述情况引起了客户经理的怀疑，后续审批流程最终拒绝了客户开户申请。

二、对话场景

　　客户经理：您好，我是××机构的客户经理，实地了解您申办POS机情况。请问您的店铺经营多长时间了？

　　客户：经营一段时间了，生意还不错。

　　客户经理：店里的商品很少啊！

　　客户：东西都在仓库呢，很多东西还没搬过来，我们要不去外面坐一下吧，屋里太乱了！

客户经理：您已经有好几台POS机了，怎么还申请新的机器呢？

客户：你们的费率比较便宜，想多个备选方案。

客户经理：好的，请您先把营业执照、身份证原件和复印件提供一下，我需要核实一下相关信息。

客户：资料我都准备好了。对了，使用你们的POS机，对信用卡刷卡有没有限额？能不能当天到账？手续费多少？

客户经理：我们会根据您的需求，结合您的实际情况，向公司的审核部门申请相关的额度和手续费。

客户：最好不要对POS机信用卡刷卡设置什么限额，我的交易量挺大的，额度不能太低，信用卡刷卡资金最好能当天到账。

客户经理：如果信用卡刷卡资金当天到账，手续费最贵。您卖生活用品，选择这种到账方式，成本太高了吧！

客户：没有关系，我就想让资金快点到账。

客户经理：好的，那我回去走审批流程，尽快向您反馈结果。

三、评析与风险提示

在上述场景中，首先，客户店铺经营商品品种较少，与商户所述的经营情况明显不符；其次，商户已安装了多部不同品牌的POS机具，还需要申请办理POS机；再次，客户异常关注信用卡刷卡资金到账时间和POS机刷卡限额；最后，客户办公桌上堆放大量信用卡申请表。以上这些可疑点说明客户存在POS机套现的嫌疑。针对这一情况，客户经理加强了实地核查，最后审批流程拒绝为其办理银行卡收单业务。

对于客户申请银行卡收单业务，客户经理应加强实地核查，了解客户实际经营范围，并设置合理的信用卡刷卡限额。对于通过服务商发展银行卡收单业务的，加强服务商管理。对于涉嫌信用卡套现的，应拒绝为客户办理业务，并根据行政主管部门要求，开展相关工作，对于涉嫌违法犯罪的，还应向当地公安机关报案。

场景31
"健康管理"有猫腻　高额返利不可信
（申请办理POS机收单业务）

一、场景概述

商户电话申请POS机收单业务，声称经营健康咨询业务。客户经理现场考察发现，该商户邻近住宅区，周边多为超市、蔬果、快餐等商铺。该商户名为"某健康管理咨询公司"，刚刚开张，店外宣传条幅上印有"健康""保养"等字样，店内宣传单印有"高额返利""会员"等字样，店内未见商品陈列，前来参加专家健康讲座的多数为老年人。客户经理怀疑该商户可能以健康管理为幌子进行非法集资或传销活动，结合审核情况拒绝了客户的申请，并向监管部门举报了该情况。

二、对话场景

客户经理：您好，我是××支付机构的客户经理，我来现场了解一下你们申办POS机的情况。请提供一下你们的营业执照和复印件，我需要核实一下信息。

客户：好的，这是我们的营业执照，资质肯定没问题的。麻烦你们尽快安装机具，我们这两天刚开业，销售业绩很好，许多大单客户需要刷卡结算。

客户经理：请问你们销售的保健品没有摆放出来吗？

客户：我们刚刚开张，还没来得及摆放。你可以先看看我们的产品宣传单，我们的产品原料绝对绿色环保、健康无污染，以后周边的居民都会是我们的客户，加入我们的会员还能享受高额的返利优惠。

客户经理：你们是通过会员发展业务吗？

客户：是啊，客户在我们这里购买一定数额的商品就可以成为会员，我们会定期返回一定比例的利润。我们会向会员提供各种健康讲座和活动，如果介绍其他客户成为

我们会向会员提供各种健康讲座和活动，如果介绍其他客户成为我们的会员，我们还会提高返利比例，介绍的会员越多、返利就越多，会员的级别也就越高。

原来是这样啊！

我们的会员，我们还会提高返利比例，介绍的会员越多，返利就越多，会员的级别也就越高。

客户经理：原来是这样啊！我会将贵公司的相关经营情况及资料提交审核，并尽快向您反馈结果。

三、评析与风险提示

该支付机构的工作人员按照规定对于商户的POS机收单业务申请进行了严格实地核查，了解商户状况和经营模式。该商户的宣传资料带有"健康""保养""高额返利"等字样；客户多为老年人；商铺内无商品；购买产品成为会员，介绍他人发展下线、会员升级、定期返利等。这些情况说明该商户可能涉嫌非法集资和传销，客户经理做出予以拒绝入网申请的处理。

对于疑似非法集资、传销活动的商户，支付机构应认真识别商户异常行为，了解其经营模式。对于无法排除疑点的，应拒绝此类可疑商户的入网申请；商户涉嫌违法犯罪的，支付机构应及时向监管部门报告，减少受害人群。

场景32

私自移机风险大 严守规定拒申请

（申请办理移动POS机业务）

一、场景概述

　　商户通过电话申请移动POS机业务，声称销售鞋包类商品。客户经理现场考察发现，该商户店铺仍在装修，但却急于装机。该商户注册资本仅十万元，从事的也是小规模业务，并没有大额资金进出，但客户非常关注机具能否到外省（特别是港澳地区）使用、自行更换SIM卡的操作方法以及交易限额、到账时间、风险管控等方面的规定。这些异常引起了客户经理的怀疑，经判断后当场拒绝了客户的申请。

二、对话场景

　　客户经理：您好，我是××机构的客户经理，我实地了解一下您办理POS机的需求。请问您是经营什么业务？

　　客户：主要是店内销售鞋包用，但有时我会外出收款，所以最好有移动POS机。

　　客户经理：建议您使用固定POS机，放在店内信号更好，也相对安全。根据规定，移动POS机仅可以在一些特殊行业使用。

客户：我经常去外省收款，移动POS机更方便，你们的机具可以带到外省使用吧？如果我去港澳地区呢？

客户经理：我们的机具是不可以在外省使用的，包括港澳地区。

客户：我听说移动POS机里面都会装SIM卡，这个卡装在哪里？可以拿出来吗？如果卡坏了我可以自己换一张吗？换卡要怎么操作？

客户经理：机具如果使用出现问题，可以打客服电话，我们会有专门的工作人员上门处理。机具都装有非法拆机自毁程序，请不要随意拆开机具，如果私自毁坏机具，是要照价赔偿的。

客户：我就随便问问。这个机具就在店里用。我还想问一下，交易资金是当天到账还是第二天到账？

客户经理：普通商户都是第二天到账。

客户：我平时进货和销售的交易金额都很大，你们会有这方面的限制吗？

客户经理：额度审批是有相应流程的。

客户：你们的用户协议上保留对风险资金暂缓入账的权利，你们不会随便暂缓我的资金入账吧？

客户经理：在您正常经营、合法使用机器的情况下是不会延缓资金入账的，请您放心！

客户：其实我对你们的风险监控很好奇啊，能不能给我简单说说，满足一下我的好奇心？你们是不是有专门的风险监控系统？你们的监控系统都有哪些风险规则？是不是也要进行参数设置？

客户经理：抱歉，这个我也不是很了解呢！

客户：我的结算资金需要入我个人账户，教我操作一下。我会介绍更多的客户给你。

客户经理：您是以公司名义申请安装POS机服务的，按照规定销售款项只能入商户同名账户。如您坚持入个人账户，我们将无法为您办理POS机。

三、评析与风险提示

在这个场景中，客户有许多疑点：要求跨省、跨境功能；要求自行更换SIM卡；打听风险监控措施；结算资金要求入个人账户；试图通过介绍更多生意利诱客户经理，让其帮忙违规操作。综合上述情况，支付机构初步判断该商户有私自移机、规避监管的嫌疑，可能从事套现、地下钱庄等资金转移的违法犯罪活动。因此，支付机构对该商户的入网申请予以了拒绝。

支付机构严格执行了客户身份识别制度，加强实地审查，现场了解商户状况和经营模式，了解商户安装POS机具的真实用途，发现异常行为，可采取延长审查期限、加大调查力度等措施，必要时应拒绝客户的入网申请。其次，支付机构应勤勉尽责开展客户尽职调查，做好商户巡检工作，发现商户存在异常行为的，要采取必要的措施，规范POS机具的使用。

场景33

商户网站似克隆　经营背景疑造假
（开通支付机构线上支付业务）

一、场景概述

　　某支付机构的准入审核人员发现，10家同时申请开通线上支付的企业都经营网上商城，他们的网站结构和页面风格几乎一模一样，仅在具体商品内容方面有所不同。支付机构销售人员反馈，这批商户都是经人介绍的。客户经理实地走访时这些商户都否认有相互关联，且不愿意提供控股股东的资料。审核人员判断这批商户存在明显异常情况，拒绝了这批商户的准入申请。

二、对话场景

　　客户经理：您好，我是××支付公司的客户经理，贵公司申请了我公司的网上支付服务，我这次是来了解一下相关情况的，还请配合。请问贵公司是经营网上商城的吧？

　　客户：没错，我们之前提供给你们的材料里已经说了，连网址也提供了。

客户经理：嗯，我们看到了，还挺简洁大方的，请问贵公司的网上商城网站结构和页面是请专业机构设计的吗？

客户：没有啊，都是我们公司自行设计的。

客户经理：好的，贵公司之前提供的材料里没有控股股东的相关信息，您能够补充提供一下吗？

客户：这是商业机密，不方便提供，还有什么问题吗？我还有其他事呢。

三、评析与风险提示

多家网上商城商户为同一销售人员发展且均经人介绍，并同时申请开通线上支付业务，这些商户称网页为自行设计，形式大多雷同。客户经理发现上述疑点后，要求客户提供控股股东资料，被拒绝。综上所述，客户经理怀疑这些商户具有相同的实际控制人且其经营存在诸多可疑之处。

支付机构在审核申请资料、查验网站经营内容后，有针对性地对异常商户进行了实地查访，确定可疑后，作出了予以拒绝准入的决定。

场景34

异常交易被预警　强化审核排疑点

（商户发生异常交易）

一、场景概述

　　某商户交易频繁且金额较大，多次触发异常交易预警，支付机构要求客户提供相关交易背景资料进行审核。商户反馈的资料无法合理解释交易背景，故客户经理致电商户，要求其进一步提供相关交易资料以供审核，并向商户说明如无法提供有效证明材料，将按规定对账户采取限制措施。经过沟通，最终客户提供了相关交易证明材料，支付机构核实后排除了异常交易预警，并保存异常交易人工甄别分析工作记录。

二、对话场景

　　客户经理：您好，我是××支付机构的客户经理，请问您是××公司的联系人吗？

　　客户：是的，有什么事吗？

　　客户经理：为了保障贵公司的信息及资金安全，需要与您核对几项信息，请谅解！贵公司是否于本月××日，发起过一笔金额为××的付款交易？

客户：对，是我们公司操作的。

客户经理：由于这笔款项金额较大，为了保障账户资金安全，我们需要核实一下该笔交易发生的原因，以及与交易对手方的关系。

客户：对方是我们的供应商，交易用于货款结算。

客户经理：能不能提供该笔交易的背景证明材料，例如订单截图，供货合同等？

客户：怎么又要提供文件了？前几天已经提供过了，你们可以查询到的。

怎么又要提供文件了？前几天已经提供过了，你们可以查询到的。

能不能提供该笔交易的背景证明材料，比如订单截图，供货合同等？

上次提交的信息不全，我们需要进一步了解客户的业务模式，还请您理解并配合。

客户经理：上次提交的信息不全，为了今后能给贵公司提供更好的服务，我们需要进一步了解客户的业务模式，还请您理解并配合。

客户：这样啊！不过合同、系统订单都是我们公司的商业机密，我没有权限提供给你。

客户经理：这个请您放心，所有客户资料我们都会妥善保管，不会向任何他人泄露。如果我们无法了解到真实的交易背景，可能会对您的账户采取限制措施。同时我们也希望在进一步了解您的业务后，可以为您提供定制的支付解决方案，为贵公司提供更好的服务。

客户：我需要向领导请示，通常需要5个工作日答复，可以吗？

客户经理：可以，谢谢您的理解与配合，如有其他问题，请随时与我们联系！

三、评析与风险提示

同一商户多次触发异常交易预警，商户曾经提交的交易证明材料无法合理解释大额交易发生的原因，存在可疑。

在这种情况下，支付机构加强了对商户的尽职调查，进一步了解商户发生大额交易的真实原因，并再次要求商户提供交易相关的合同、订单、发票、物流单据、协议等可证明交易相关背景的文件。经过沟通，客户最终再次配合提供了相关证明材料，支付机构核实了证明材料后，排除了异常交易预警。

　　如果客户不愿意配合或仍然无法提供合理说明和相关证明文件，支付机构发现或者有合理理由怀疑其洗钱嫌疑的，应向监管部门报送可疑交易报告，并按规定采取适当的风险控制措施。

场景35

交易剧增引怀疑　调单审查被拒绝
（支付机构的商户在一段时间内，交易量增幅异常）

一、场景概述

　　支付机构发现商户当月交易量增幅异常，客户经理随即与商户联系，要求其提供交易的书面证明材料，商户不愿配合。客户经理将调查结果反馈至反洗钱部门，反洗钱部门审核调查后对商户作关户处理，并上报可疑交易报告。

二、对话场景

　　客户经理：您好，请问是××先生吗？我是××公司客户经理，负责贵公司的账户维护，需要与您核实下近期交易发生的情况。

　　客户：好的，你们需要了解什么呢？

　　客户经理：最近，您的账户交易量增长速度较快，请问是什么原因呢？

　　客户：这个月我们有较大力度的促销活动，所以交易量有所上升，这很正常的嘛！

　　客户经理：请您提供一下本月发生的前20笔商品交易订单明细、发票、物流单据。

　　客户：所有交易都是在我们网站上完成的，是正常交易，我刚才已经跟你们解释过了，没必要再提供材料了吧？！

　　客户经理：为保证您账户的安全，防范交易风险，在发生交易量突增的情况下，我们公司会对客户的交易背景进行审核，并对所有客户资料进行妥善保存。如果您实在不方便提供材料，我们可以安排对您公司进行走访，了解交易情况。

客户：该说的我都已经说过了，我可以邮件回复你，但是这些材料真的没有办法给到你们。

三、评析与风险提示

在这一场景中，商户当月交易量增幅异常，与之前的交易模式明显不符；在客户经理调查过程中，商户只愿意口头给予解释说明，不愿意配合提供书面证明材料，商户交易存在疑点。

支付机构在发现商户交易量突增这一异常情况后，加强了客户尽职调查与对业务真实性、合法性的核查。一方面向商户调取交易单据，另一方面登录商户网站核实相关情况。经核实，商户网站并未出现促销信息，商户无法证明其交易增长属于合理情况，且不愿意配合调查，还拒绝提供相关证明材料，支付机构发现或者有合理理由怀疑其存在洗钱嫌疑，应提交可疑交易报告，并对商户采取相应限制措施，必要时可作关户处置。

场景36
信用卡交易异常 赴实地发现移机
（银行卡收单业务涉嫌信用卡套现）

一、场景概述

支付机构在日常交易监测中，发现近期两个银行卡收单特约商户交易异常，收单金额突然增大，信用卡消费类交易占收单量的90%以上，信用卡单笔刷卡金额大多为整数万元，且存在同一信用卡在同一天多次刷卡的现象。进一步查阅客户资料发现这两个特约商户均为个体工商户，一个销售瓷砖，另一个是杂货店，两个店铺经营地址较近。支付机构客户经理进行了实地核查，发现杂货店将POS机私自移机给瓷砖商户使用的情况，销售瓷砖商户拒绝配合调单。支付机构结合交易情况分析对两家商户POS机作关户处理。

二、对话场景

　　客户经理：你好，我是××支付公司的客户经理，您使用我公司的POS机有一段时间了，根据公司内部规定，需要对您进行回访并核实一些情况，请配合。

客户A：哦，可以。

客户经理：请问你们的POS机呢？

客户A：我妹妹开的瓷砖店生意很好，POS机不够用，我就把自己的借她用一下，这应该没关系吧？

客户经理：这是违反规定的，不能将POS机借给他人使用。

客户A：我知道了，我尽快把POS机拿回来，她的店就在马路斜对面。

客户经理：您好，我是××支付公司的客户经理，客户A说她店里的POS机在您这里。是有什么特殊情况吗？

客户B：我这里有两个牌子的瓷砖搞优惠促销，生意很火，有时一台POS机刷不过来。

客户经理：那麻烦请您提供一下近期的刷卡签购单和收据吧！

客户B：这些东西我们不是所有的都保存，可能找不到了，资金到账我们就不要了。

客户经理：签购小票是需要完好保存的，如果提供不了小票的话，请问还有其他凭证吗？

客户B：没有，我最近比较忙，下次再说吧！

三、评析与风险提示

在此场景中，支付机构发现银行卡收单业务特约商户交易情况异常。首先，短期内收单金额突然增大，与以往收单量存在较大差异；其次，信用卡消费类交易占收单量的绝大部分；最后，信用卡单笔刷卡金额大多为整数万元，且同一信用卡在同一天多次刷卡。怀疑商户有涉嫌信用卡套现的可能。

支付机构发现异常后，立即上门走访，核实客户的真实经营情况。客户经理发现客户存在私移POS机的情况，且客户拒绝提供相关证明材料，不愿意配合调查。支付机构于是关停该客户的POS机，并向监管部门报送可疑交易报告。

场景37
个人账户被盗用　电话回访现破绽
（支付机构个人客户的支付账户被盗用）

一、场景概述

支付机构风控系统预警某客户存在交易习惯突然改变，与前期差异较大的情况，故致电客户进行交易及身份核实。电话回访中发现该客户报错出生日期，进一步核实发现客户预留的手机号在近期发生变更。支付机构工作人员在客户身份识别中发现异常，怀疑客户个人账户被盗用，及时采取了措施限制客户的账户交易。

二、对话场景

客服人员：您好！我是××支付公司的客服人员，请问您是××先生吗？

客户：嗯，我是。

客服人员：为确保服务质量，本次通话可能会被录音。系统中显示您在近期发生了连续多笔手机话费充值交易，请问这些是您本人操作的吗？

客户：是我操作的呀！

客服人员：好的，为了核实您的身份信息，请您提供一下出生年月日。

客户：1986年2月5日。

客服人员：不好意思，××先生，刚才通话有信号干扰，麻烦您重新说一遍。

客户：嗯……1986年……2月……哦不是，1986年5月2日。

客服人员：好的，为了确保您的账户安全，后续需要您提供辅助材料来进一步核实身份，所需资料我们会以邮件的方式发送给您在我公司预留的邮箱地址，请您注意查收。在您提供相应的资料之前，我们会暂时对您的账户进行保护，请您理解。请问您有什么疑问吗？

客户：没有。

客服人员：好的，若有疑问，请随时致电我公司客服热线。非常感谢您的配合，祝您生活愉快，再见！

三、评析与风险提示

在此场景中，客户交易习惯突然改变，与前期差异性较大，触发系统预警。支付机构在发现客户交易存在异常后，对客户进行了电话回访，沟通中发现客户前后提供的信息不一致，身份可疑特征较多，存在个人客户的支付账户被他人盗用的可能。为保障客户的资金安全，支付机构要求客户提供身份证明材料或其他辅助材料辅助核实，及时采取措施限制了客户的账户交易。

同时，公众也应妥善保管好个人信息、账户信息及交易密码等，谨防被他人盗用。金融机构可通过多种途径核实客户身份信息，比如对于预留手机号码发生变更的，可拨打变更前的号码予以核实。

场景38

夜间交易不正常　疑为移机收赌资

（银行卡收单特约商户在深夜或凌晨交易频繁发生）

一、场景概述

某支付机构在处理系统预警的异常交易时，发现一家银行卡收单特约商户存在深夜或凌晨发生交易的情况，单笔交易金额多为整数，根据其经营范围，营业时间应该为白天。为了进一步调查真实交易背景，初审人员致电该商户，对方不作正面回答，企图蒙混过关。初审人员根据与商户电话沟通的情况，并结合资金交易特征，判断商户很有可能将POS机转移至疑似赌博场所使用，上报了可疑交易报告，并限制了该商户的账户交易。

二、对话场景

　　工作人员：您好，我是××支付公司的工作人员，请问是××家电经营部吗？

　　客户：是的，找我有什么事？

　　工作人员：您好，根据我公司服务要求，需要对办理POS刷卡业务的商户进行不定期回访，了解客户的使用情

况，请问您使用我公司的POS机有什么问题吗？

　　客户：哦，POS机使用挺好的，没什么问题，没其他事就先这样吧，我正忙着呢！

　　工作人员：不好意思，还有几个问题需要向您了解，我们发现最近您店里的交易量比较大，与之前相比翻了好几倍，请问是什么原因呢？

　　客户：世界杯期间我们生意好！这有什么好问的？！

　　工作人员：您公司最近晚上的生意好像更好啊！

　　客户：××酒吧在搞有奖竞猜，我看有不少人在，就到酒吧里搞促销活动，人多生意好。

工作人员：那是您的公司和酒吧一起搞活动吗？

客户：哦，我还有事，下次再说吧！

工作人员：好的，我们了解了，感谢您的配合！

三、评析与风险提示

在此场景中，首先，特约商户的交易量突然增大，都是100元的整数倍，且发生时间均在深夜，这与商户实际经营活动相悖；其次，客户不配合支付机构的尽职调查。结合电话通话情况和资金交易特征，商户很有可能参与赌球活动，将POS机移机到疑似赌博场所使用，达到非法获利的目的。

支付机构在发现异常交易之后，应对交易时间、地点、笔数、金额等开展分析，结合客户尽职调查了解到的情况，作出合理判断，及时上报可疑交易报告，并采取相应的限制措施。

场景39
商户证件须核实　现场查验不可少
（银行卡收单业务）

一、场景概述

客户申请办理POS机，支付机构客户经理与客户电话联系，采取上门查验原件的措施审核资料，审核通过后予以准入。

二、对话场景

客户：我申请的开户怎么还没有批准？

客户经理：您的公司全称是？请问您在我公司申请的具体业务是？

客户：我申请使用你们的POS机，公司名称为×××××××。

客户经理：您好，根据查询信息，贵公司提供的法定代表人证件模糊，未能通过审核环节。

客户：啊？！我的身份证使用年限是比较久了，有点磨损，只能这样上传了！要怎样才能通过审核？

131

客户经理：您不用担心。您上传的照片只用于预审。对于所有POS机申请我公司都会派审核人员现场走访，届时需要您这边手持您的身份证拍摄照片，您看可以吗？

客户：哦，那也没其他办法了，你们尽快派人来吧！

客户经理：非常感谢您的配合，请问现场走访地址就是您先前提供的经营地址，联系电话是您本人吗？

客户：对的，没问题！

客户经理：好的，我们会尽快安排人员进行现场走访，走访后，我们会尽快完成贵公司的准入审核工作。请保持您的手机通畅，审核人员后续会跟您联系。

客户：好的，谢谢！

客户经理：另外，建议您尽快更换身份证件，以便通过现场走访查验。

客户：好的。

客户经理：非常感谢您的配合！

三、评析与风险提示

《支付机构反洗钱和反恐怖融资管理办法》（银发〔2012〕54号）第十九条规定，收单机构在与特约商户建立业务关系时，应当识别特约商户身份，了解特约商户的基本情况，登记特约商户身份基本信息，核实特约商户有效身份证件，并留存特约商户有效身份证件的复印件或者影印件。

对于特约商户，支付机构应派专人上门核实证件的真实性，并对核实情况进行拍照，作为核实身份的资料证据，对于需要更换证件的，应要求客户在证件更新完成后及时提交给支付机构，避免影响后续业务正常办理。

如遇到身份证件模糊不清，边缘曲折造成防伪点模糊，或者疑似伪造的情形，支付机构为此类客户办理银行卡收单业务，存在较大的合规风险。

场景40

异常保单似行贿　回访客户细甄别
（商业车险投保）

一、场景概述

客户A为公职人员B及其亲属的5辆汽车先后购买的全额商业险，总保费5万余元。保险公司发现疑点后，通过电话回访，发现投保人A对购买的保险产品基本情况回答模糊不清，再联系被保险人B，发现其回答也含糊不清，结合客户身份以及调查情况，怀疑投保人A存在利用保险产品行贿的可能，随后上报了可疑交易报告。客户A因涉嫌向多个政府公职人员行贿，被检察机关以行贿罪起诉。

二、对话场景

　　工作人员：您好！我是××保险公司的工作人员。请问您是A先生吗？

　　客户A：是的。有什么事情吗？

　　工作人员：您在我们公司买过保险，今天来电是想做个回访。

客户A：啊，买过保险？哦，我想起来了。你有什么事？

工作人员：是这样的，您在我们公司投保了多份全额商业车险，但是被保险人不是您，车辆也不在您的名下。为了防止有人冒充您的名义投保，损害您的合法利益，我们想向您进一步了解情况，希望您能配合一下我们的工作。

客户A：保险是我买的，不是别人冒充的，是我给亲戚买的。

工作人员：那您还记得都是给几个亲戚买的吗？

客户A：这我记不清了。

工作人员：那您投保前有了解车辆的具体情况吗？比如说车牌号、配置、车况等。

客户A：这个我想不起来了，那么多车，谁记得清啊？

工作人员：您投保的是全额险吧？

客户A：保险种类忘了。好像就是你说的这个吧。这些保险是我买的，不是别人冒充我的名义买的。我也付钱了。我还有事，先挂了。

（工作人员致电被保险人B）

工作人员：喂，您好。请问您是B先生吗？我是××保险公司的工作人员。

客户B：我不买保险，谢谢，再见！

工作人员：您已经在我们公司投保了，根据公司的规定，我想对您做个电话回访。

客户B：已经买保险了？！我怎么不记得了？

工作人员：那我们报一下您的信息，请您确认一下。您的姓名是××，电话是××，身份证号是××，车牌号是××，车型是××。

客户B：对的，都对。我什么时候在你们公司投保了？我记起来了，是的，是投保了！

工作人员：保险产品的类型是很重要的，选不好产品不仅多花钱，也不能得到需要的保障。希望您能谨慎对待。

客户B：没事的，无所谓！我过生日，朋友送的，反正记得是投的保障最全的，保费好像是内部价，比较便宜。

> 工作人员：请问投保人A是您朋友吗？
>
> 客户B：A？对，是的，好了，我还要开会，以后再说。

三、评析与风险提示

　　在此场景中，首先，投保人有强烈的公关需求，投保人为多个与其没有直接关系的被保险人投保，被保险人中有一人是负责其公司监管的人员，其他被保险人均为该公职人员亲属。其次，投保人不考虑车辆使用实际情况，所投保的多份车险均为全额商业保险，保费金额较大，与常理相悖。最后，在电话回访过程中，投保人与被保险人回答含糊不清，与正常投保行为明显不符。

　　在发现异常情况后，保险公司通过回访加强对客户的身份识别，首先核实了解投保人对被保险人信息的了解程度，如被保险人的姓名、职业、收入情况等。然后，识别投保人对保险标的信息的了解程度，如被保车辆的车况、行驶里程、历史赔付情况等。综合有关情况后，保险公司在进一步分析甄别的基础上向监管部门进行了报告。

场景41

虚假离职来减保　经查高管仍在职
（通过减保将大额资金退入个人账户）

一、场景概述

　　某国有控股公司在某保险公司投保年金保险（万能型）产品，保单中被保险人共8名。该投保人在保险公司办理离职减保时，保险公司业务人员发现，其中3名申请退保员工A、B、C，曾于3年前在保险公司办理过减保操作。该3名员工出示的退工单显示其在职时间为上一年1月至当年6月；而此3人已于3年前的7月办理过减保，当时出具的退工单显示其在职期间为4年前的9月至3年前的6月，两份退工单时间明显矛盾，且退费至个人账户，涉及资金金额巨大。后经查明，该3人均为该公司高管，3年前的7月3人已办理离职减保，但在此次申请减保的前几天，3人又重新办理了加保操作，成为该保单的被保险人。保险公司根据电话回访并结合投保情况，上报了可疑交易报告并调整了客户的风险等级，加强对客户的持续关注。

二、对话场景

　　业务员：您好，请问是××公司××女士吗？

经办人：是的，我是。

　　业务员：您好，我是××保险公司的业务员。之前贵公司在保险公司投保了××保险产品，昨日您这边申请减少三名被保险人。

　　经办人：是的，有三名员工离职了，我们申请减保。

　　业务员：好的，我们正在办理您这项申请，有一个情况也想向您核实一下。

　　经办人：好的，请说。

　　业务员：员工A、B、C是否现在已经离开公司了？

　　经办人：是的，已经离开公司。

　　业务员：我们在办理减保时发现，这三名员工曾于三年前办理过离职减保，后续为何又会加保？

139

经办人：这个……我不太了解，可能是后来又回到公司了吧！

业务员：我们想去贵公司拜访一下，了解一下这三名员工离职的实际情况，是否方便？

经办人：这没什么需要了解的吧，退工单都给你们了啊！

业务员：是的，我们已经收到退工单了，只是这三名员工的离职日期与第一次我们收到的退工单有些出入。如果您方便的话，我们可否去拜访一下您？

经办人：我们很忙的，不太方便！

三、评析与风险提示

保险公司发现，客户在3年前已为3名被保险人办理了离职减保，近期又为这3人办理加保，并再次要求办理离职减保，将大额资金支付至个人账户。保险公司在发现异常情况后，安排业务人员对客户进行电话回访，并试图进行现场拜访，但被拒绝。后经电话确认申请减保的高管仍在职。客户通过疑似"虚假退工单"办理集中减保且支付至个人账户的情形，存在侵占国有资产的嫌疑，存在较高风险。

保险公司根据回访情况上报了可疑交易报告，调整客户风险等级至最高，并持续予以关注。

场景42

大额保单均趸交　经济状况须细查

（投保人大额投保及大额保单贷款交易）

一、场景概述

保险公司注意到一名客户进行了大额投保随后另外两名客户也存在相似交易行为，且后两名客户的联系地址、单位信息与最初投保那名客户的一致。针对此情况，保险公司工作人员对这三名客户进行了相关调查。调查发现，三名客户属于同一家庭，大额投保与其经济状况可能不符，保险公司综合判断这三名客户交易可疑，上报了可疑交易报告，并调整了客户的风险等级。

二、对话场景

　　工作人员：您好，我是××保险公司的工作人员。您从前年至今购买了我公司产品，且都是趸交方式投保的，相信您对我们公司的产品还是相当满意的，请问您是否了解这款产品相关条款内容呢？

　　客户：还可以吧，你们产品都不错，我就买了一些。

　　工作人员：非常感谢您的信任，您购买的这款产品今年的收益也比同期其他产品表现更好，请问您是否有关注呢？

客户：还可以吧，我感觉都差不多。

工作人员：好的。我们了解到您家人都购买了这些产品，保单上显示您家人也都在您名下的一家公司任职，您能提供关于公司的更详细信息吗？

客户：你们想了解的也太多了吧！我公司的事同买保险有什么关系？

工作人员：非常抱歉，因为根据您的交易情况我们需要向您进一步了解信息。多了解一些客户的信息，也能使我们的后续服务更加完善，请多包涵。

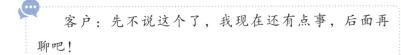

客户：先不说这个了，我现在还有点事，后面再聊吧！

三、评析与风险提示

在上述场景中，保险公司对客户进行了电话回访，希望了解客户的经济状况，以及对保险产品的了解程度，但客户简单回复后即结束对话。

随后，保险公司工作人员对客户的交易情况采取了持续关注措施，加强调查客户身份背景信息，识别保费与投保人的经济实力是否相符，并实地走访了客户投保时填写的单位地址，发现客户所填信息不实，存在经济状况与大额投保行为不符的情况。保险公司按照规定提交了可疑交易报告，并采取适当的风险控制措施，例如调整客户风险等级至高风险等级，持续关注这三名客户的后续交易情况。

场景43

大额团险要退保　资金去向需关注

（大额团体保险退保）

一、场景概述

某运输公司购买大额团体重疾险，趸交保费近300万元，被保险人400余人。保险公司随后开展回访，被询问的运输公司员工均表示对该保单不知情。一年后，该运输公司向保险公司申请退保。保险公司询问退保原因，运输公司经办人员表示公司经营急需资金周转。保险公司告知其退保会有较大损失。该经办人员仍坚持退保，并要求以现金退还保费；在保险公司明确拒绝直接退还现金后，又要求将退保金转入第三方账户。

二、对话场景

　　柜面人员：请问您退保的原因是什么呢？

　　客户：公司出现了经营缺口，急需一笔资金周转。

　　柜面人员：贵公司购买的是一份近300万元的团体重疾险，时间只过了一年。如果现在退保，损失会很大。

　　客户：无所谓，能退多少就退多少。

柜面人员：好的。我们会尽快办理的！

客户：对了，退的保费请给我现金。

柜面人员：不好意思，按照公司规定，只能通过转账方式退保，无法直接退给您现金。

客户：不能退现金？行吧，那就退到这个账户吧！

柜面人员：嗯，这个账户好像不是贵公司的账户啊？退保金一般都转到原来的交费账户。

客户：没关系的！我们公司可以出具授权书。退保金就转到这个账户好了。

柜面人员：请问收款人与贵公司的关系是？

客户：这是商业秘密，不方便说。

三、评析与风险提示

从反洗钱工作的视角看，在本场景中，风险点集中表现为：投保单位为职工投保大额团险后仅一年即要求退保；在退保时先是要求给付现金；被保险公司拒绝后又要求将保费退还到第三方的账户。

在实践中，保险公司应当遵循风险为本和审慎均衡的原则，对此类交易的风险状况作出合理评估，采取有效措施进行人工分析。除了询问投保单位以外，保险公司也可以通过调取客户历史交易、查询外部网站信息等方式作进一步了解，并视情况依法采取适当的控制措施，包括但不限于提交可疑交易报告、向相关金融监管部门报告、向相关侦查机关报案等。

场景44

手机投保真方便 人脸识别控风险
（个人贷款信用保证保险业务）

一、场景概述

某保险公司与银行合作开展个人贷款信用保证保险业务。客户可以通过手机软件购买个人贷款信用保证保险，并支付相应保费；当客户不能按贷款合同向放贷银行归还贷款时，由保险公司按保险合同向放贷银行支付赔款。在客户投保的过程中，保险公司需要对客户进行人脸识别。

该保险公司发现某客户连续多次未能通过系统的人脸识别。人工核查发现，该客户多次提交的头像照片实际上是不同的人。保险公司随即电话联系客户，客户自称将身份证和银行卡交予他人，委托他人代为购买保险。

二、对话场景

客服人员：A先生，您好。我是××保险公司的工作人员，需要跟您确认网上投保。为了您的个人信息安全，先简单核实一下身份。请问您身份证号码的后四位数字是什么？

客户：稍等一下，后四位是××××。

客服人员：××月××日您通过手机APP申请投保个人贷款信用保证保险，操作过程中您有没有遇到什么问题？

客户：没有什么问题。

客服人员：我们的工作人员注意到，您在投保过程中，先后提交了三次头像照片，这些照片都不大清晰，系统无法有效识别。您在上传照片的操作中遇到困难了吗？

客户：这个……我把身份证和银行卡给一个朋友了，让他帮忙办理。我不知道他是怎么操作的。

客服人员：先生，把自己的身份证、银行卡等重要物品交给他人，是存在一定风险的。如果这些重要物品不小心遗失，或者落入不法分子手中，您的个人信息可能会被冒用，带来严重的后果。

客户：我朋友没有告诉我这些情况。

客服人员：先生，由于头像照片已经三次未能通过系统识别，现在请您携带本人的身份证件到我公司的营业网点当面办理。

客户：当面办理？太麻烦了。我不投保了，你们处理一下吧！

三、评析与风险提示

近年来，互联网保险业务快速发展。很多保险公司依托互联网和移动通信等技术，搭建自营网络平台或者与第三方网络平台开展合作，从事订立保险合同、提供保险服务等业务。互联网保险业务为广大客户带来了高效、便捷的服务，但同时也对保险公司合规经营和防控风险提出了新的挑战。

在上述场景中，客户通过手机软件投保个人贷款信用保证保险。为识别投保人身份，保险公司要求客户上传头像照片。这是互联网金融领域普遍应用的身份识别措施之一。然而，该客户连续三次上传的头像照片均无法通过系统识别和人工核查，引起了保险公司的关注。保险公司对该客户作了电话回访，客户在通话中自称将身份证和银行卡交予他人，委托他人代为购买保险。于是，保险公司将该业务转入线下，请客户携带本人身份证件到保险公司的营业网点当面办理，以便进一步识别身份；并善意地对客户作出提醒，请客户留心身份证、银行卡等重要物品交给他人的风险。

场景45
不管退保钱多少 "原进原出"是原则
（互联网个人意外伤害保险）

一、场景概述

　　张某在保险公司的微信公众号上投保了一份意外险，保费199元。次日，李某致电保险公司客服热线，声称代张某申请退保，并要求将保费退到李某的账户。保险公司向其解释，退还保费遵循"原进原出"原则，一般是要退回原来的交费账户。李某听后表示放弃退保申请。保险公司随即与客户张某取得联系，一方面确认了张某委托李某办理退保的情况，另一方面再次解释了资金"原进原出"的退保业务规定。

二、对话场景

　　客服人员：您好，请问有什么可以帮您？

　　客户：我要退保。

　　客服人员：请说一下您要退保的保单号码。

　　客户：保单号××××。

　　客服人员：请问您是在哪里购买的这份保单？

客户：在你们的微信公众号上购买的。

客服人员：先生，您购买的是我公司一款意外险产品。如果方便的话，您可以在我公司的微信公众号上申请退保。

客户：我试过了，保费不能退到我的账号。

客服人员：先生，请问您是这份保单的投保人吗？

客户：不是，我姓李。投保人张先生是我的朋友。他今天生病了，不方便申请退保，委托我来办理，请把保费退到我的银行卡上。

客服人员：很抱歉，根据公司规定，投保时是张先生支付的保费，保费只能退给他本人。

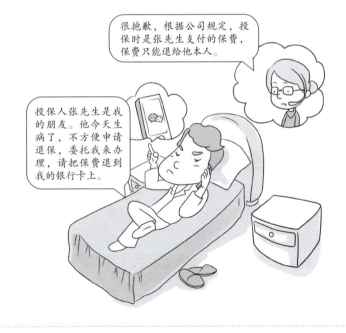

客户：您看能否通融一下？退保的钱就这么点儿，付到我的账号也没问题吧？

客服人员：李先生，真的很抱歉。退保资金"原进原出"，是保险行业遵循的原则。这也是为了保障客户的资金安全，请您理解！

客户：这么麻烦，退保的钱还不能转到我的账号，我不办了。

（客服人员随即致电张先生。）

客服人员：您好，张先生，您昨天购买我公司的一张意外险保单。我们想对您做一个简单回访，您现在方便吗？

张先生：可以。

客服人员：您是打算退掉这张保单吗？

张先生：嗯，有这个想法。

客服人员：请问您对我们的产品不满意吗？

张先生：就是不想要了。

客服人员：您知道申请保单退保的途径吗？

张先生：大概知道，网上可以申请，客户服务电话也可以申请吧！

客服人员：您是否委托过李先生帮忙办理这张保单的退保？

张先生：嗯，有。

客服人员：您不能亲自办理退保，请问有什么原因吗？

张先生：我在网上提交过退保申请，系统提示说退回的保险费只能回到我的交费账户。我想把钱直接付到朋友账户，就让他试着去办了。

客服人员：您要转到朋友账户，有什么原因吗？

张先生：这个嘛……没有什么原因。你们公司怎么这么点儿钱都不能转呢？多少金额可以转到其他账户？

客服人员：张先生，根据公司规定，原则上是"原账户进，原账户出"，没有特殊原因，不管多少金额，都是不能转到其他账户的。

张先生：限制可真多。

客服人员：公司规定"原账户进，原账户出"，也是为了保障客户的资金安全。如您仍需申请退保，可以在网上进行操作，或者与我们公司的客户服务人员联系。退保完成后，钱将返回到您购买保单时的账户中。

三、评析与风险提示

在上述场景中，第三方致电保险公司，声称代客户办理退保手续，并要求将退还的保费转到第三方的账户。虽然涉及的金额不大，保险公司还是坚持了"原进原出"的退费原则，并立刻与投保人取得了联系，一方面确认了投保人委托第三方办理退保手续的情况，另一方面也向投保人再次说明了退费"原进原出"的规定。

在反洗钱工作中，退保是需要关注的重点业务环节。从实际操作来看，一般认为以下情况存在一定风险：宁愿损失投连险等产品的初始费用仍执意解除合同；退保时要求将保费退还给投保人以外的第三方；短期内分散投保、集中退保或者集中投保、分散退保等。这些情况需要保险公司发挥客户尽职调查的作用，进行人工的甄别和合理的确认。

场景46
复印证件来投保　审慎拒绝防风险
（投保商业车险）

一、场景概述

　　两名年轻男子到保险公司网点投保。其中一名李姓男子拿出一张身份证复印件和一张行驶证复印件，声称自己的车是高端车型，要投保一份商业车险，并强调盗抢险要保最高的保额。工作人员见其是外省车辆，要求协助拍照验车。拍照后该车辆被同行另外一人开走。保险公司工作人员要求李某提供身份证原件时，李某声称身份证到期，正在办更换手续。保险公司工作人员建议李某与制发身份证的公安机关取得联系。李某随即表示放弃投保。

二、对话场景

　　工作人员：先生您好！请问您来办理什么业务？

　　客户：买车险。这是证件。我要投保最高的盗抢险！

　　工作人员：好的，李先生，您的车是外地车牌，买保险之前要先拍验车照，请问您开车来了吗？

　　客户：开来了。

工作人员：好的，我先帮您拍个验车照。

工作人员：这车的车型真好看啊！您是做生意还是上班的呀？

客户：做生意的。

工作人员：那您平时是住在本地还是住在外地呢？

客户：都有。别问东问西了。手续办好了吗？

工作人员：办理保险需要身份证原件，麻烦您出示一下。

客户：啊？为什么要原件？我没带。

工作人员：那您方便拿一下吗？

客户：我的身份证刚刚到期，拿去换了。

工作人员：李先生，公司规定必须要查看投保人的有效身份证件原件。您是否和身份证的发证单位联系一下，看看有什么办法？

客户：太麻烦了！我不办了。

三、评析与风险提示

为了更好地履行反洗钱法定义务，同时有效维护金融消费者权益，财产保险公司在办理业务时，不仅要了解投保标的所有权的归属及其真实价值，也要适当关注投保人的既往投保经历、财务状况、标的风险、投保人和被保险人身份等信息，在此基础上，围绕投保标的来源是否合法、投保标的价值与投保人财务状况是否相符等风险点作出合理评估，并采取相应的风险防控措施。

在此场景中，李某异地投保商业车险，仅仅提供了身份证及行驶证的复印件。当保险公司要求其出示身份证原件时，李某又以身份证到期、正在申请换领新证为理由，拒绝提供身份证原件。这里需要指出的是，按照我国有关居民身份证的管理规定，居民身份证有效期满的，公民应当换领新证；在领取新证时，才交回原证。李某拒绝提供身份证原件的理由是不能成立的。因此，保险公司没有承保李某的商业车险。

场景47
审核证件要严谨　照片比对须相符
（商业车险退保）

　　一名客户来到保险公司柜台，要求退保一份车险，并提出退还的保费直接支付现金。柜台人员请客户提供身份证件及原保单进行审核。在审核过程中，柜台人员发现客户容貌与身份证上的照片不一致，于是进一步请客户配合确认身份，但被客户拒绝。保险公司向客户解释了退保资金只能办理银行转账的情况，客户随后放弃了退保申请。

　　柜面人员：您好，请问需要办理什么业务？

　　客户：我在你们公司买了一份车险，现在要退保。

　　柜面人员：好的，麻烦您出示一下身份证和保险单。

　　柜面人员：从保险单看，您才买了不到一个月的保险。现在退保，是因为我们的服务不到位吗？

　　客户：我不想要这份车险了。

柜面人员：先生，您的这份车险金额较大，为了保障您的权益，是否方便再出示一下您的驾驶证？

客户：干吗要提供驾驶证？我没带。你们公司退保太麻烦了。快点给我退！我要现金直接带走！

柜面人员：抱歉，公司的规定也是为了保障客户的资金安全，请您理解。按照公司规定，您这单退保业务只能办理银行转账，不能在柜台直接支取现金。退还的保费将会转回您交费的银行账户。

客户：什么？不能取现金吗？

柜面人员：不好意思！公司有严格规定，不能支付现金。

客户：那我以后再来办吧！

三、评析与风险提示

《金融机构客户身份识别和客户身份资料及交易记录保存管理办法》明确规定，在客户申请解除保险合同时，如退还客户保险费或保险单的现金价值为人民币1万元以上或者外币等值1千美元以上的，应要求退保申请人出示保险合同原件或者保险凭证原件，并核对退保申请人的有效身份证件或者其他身份证明文件，确认申请人的身份。

保险公司在确认退保申请人的身份时，不仅要关注其提供的身份证件是否真实、有效，也要注意人、证比对，特别是身份证件上的照片是否与退保申请人的容貌"人证相符"。此场景中，保险公司两名柜台人员进行辨认，发现客户容貌与其身份证上的照片不一致。因此，柜面人员请客户提供驾驶证，以便通过驾驶证上的照片来辅助判断。这是一种比较谨慎的做法。同时，对于客户的现金退保要求，柜面人员也按照该保险公司的规定明确解释退保资金只能通过转账方式支付。

场景48
大额退保损失多　交易背景须留心
（个人分红险退保）

一、场景概述

　　客户丁某投保分红险，一次性交纳保费共计100万元。次年，丁某在他人的陪同下来到保险公司柜面，以丈夫生意困难、急需资金周转为由，不顾高达30多万元的退保损失，执意申请退保。柜员建议其通过保单质押贷款缓解资金压力，被丁某拒绝。柜员观察到丁某的衣着及配饰均价值不菲，且与同行人员谈及近期有出国旅游的安排，与其声称的经济困难情况并不相符。于是，柜员提出要作进一步了解，丁某表示改天再来办理退保。

二、对话场景

　　柜面人员：您好！请问您需要办理什么业务？

　　客户：我办理一下退保。

　　柜面人员：请问是您本人的保单吗？

　　客户：是的。

　　柜面人员：您的这份保单刚刚投保一年。如果现在退保的话，要损失30多万元。请问是有什么特殊情况需要退保吗？

客户：老公这一年生意不好，公司急需资金周转，只能退保。

柜面人员：我们公司有保单质押贷款的业务，可以缓解客户的资金压力，同时维持保单的保险效力。我和您具体讲一下？

客户：不用了，抓紧时间办理退保吧！

柜面人员：鉴于您的保单退保将发生较大金额的损失，为避免以后产生不必要的争议，我们需要进行一些了解，还请您配合提供一些关于家庭经济状况的信息。

客户：要提供家庭经济信息吗？算了，改天我约老公一起来办吧！

三、评析与风险提示

在此场景中，客户丁某以生意困难、急需用钱为由申请退保；柜面人员向其提示退保将会产生较大金额损失，并建议其可以申请保单质押贷款，但丁某仍然执意要求退保；柜面人员还注意到丁某的衣着、配饰及言谈均与其描述的经济困境似乎不相称。因此，柜面人员向丁某提出，需要进一步了解交易的背景、目的及其合理性。然而，丁某表示改天再来办理业务，没有提供相关信息。

在为客户办理退保手续时，保险公司不仅要采取有效措施，确认退保申请人的真实身份，切实遵循退保资金"原进原出"的业务原则；还要注意客户能否合理解释退保的原因。在上述场景中，柜面人员在询问丁某退保原因后，敏感地注意到了一些矛盾点。这为保险公司后续开展人工分析和识别打下了良好的基础。

场景49

大额保单需调查　财务状况要了解

（寿险大额投保）

一、场景概述

　　田某向保险公司申请一款趸交保费500万元的人寿保险产品，并自称是某公司的法定代表人。按照该保险公司的业务规则，对于大额寿险保单，在确认承保前，应当开展生存调查，并编制财务核保报告。保险公司核保人员到田某所在公司进行了实地调查，发现田某既不是该公司营业执照上记载的法定代表人，也不是该公司的高层管理人员。保险公司随后电话联系田某，田某仍然声称自己是公司的法定代表人，并以个人隐私为由，拒绝配合提供有关财务证明资料。保险公司提出现场拜访田某，田某也以事务繁忙为由拒绝。

二、对话场景

　　回访人员：您好！我是××保险公司的电话回访员。您近期申请购买我公司的保险产品。现在和您做一次售前录音电话回访。先与您核对一些基本信息，请问您的身份证件号码是××、证件地址是××，对吗？

客户：是的。

　　回访人员：请问您从什么渠道了解到我公司这款产品的？

　　客户：听人介绍的。

　　回访人员：请问您的保费资金来源是？

　　客户：问这个干什么，是我自己的钱。

　　回访人员：请问您是××公司的职员吗？

　　客户：对，我是公司的法人。

　　回访人员：鉴于您投保金额较大，我们需要向您核实一些财务方面的信息。您方便提供贵公司的证明资料吗？

　　客户：这是我的个人隐私，不方便提供。

回访人员：如果在电话里不方便透露，我公司可以派客服人员作一次现场拜访，请问您什么时候有空？

客户：最近工作比较忙，没有时间。我还有事，就说到这里吧！

回访人员：好的，感谢您的配合。

三、评析与风险提示

对于高额寿险保单，保险公司基于经营的需要，会开展生存调查和财务核保，了解客户的投保动机、健康状态、生活习惯、财务状况等，一方面可以进一步明晰客户的保险需求，以便为客户量身定制适当的保险方案；另一方面可以进一步判断客户的经济收入与其交纳保费是否相称。

同时，生存调查和财务核保对于保险公司开展反洗钱工作也有重要的意义，有助于降低保险公司面临的洗钱风险。在本场景中，保险公司在核保时发现投保人提供的身份信息存疑；随即安排回访人员电话联系投保人，了解有关身份信息和财务状况，并与投保人商洽现场拜访事宜，但投保人未予以配合。后续保险公司应当审慎评估交易风险程度，勤勉尽责开展分析甄别，合理确认可疑交易，依法履行反洗钱义务。

场景50
保险内容不关心　大额现金交保费
（大额现金投保）

一、场景概述

　　两名女子来到保险公司营业大厅，其中一人要求投保100万元某保险产品。但这两名女子并不关心产品信息，而是关心能否以现金交纳保费。保险公司业务人员建议投保人刷银行卡交保险费，两名女子又提出使用投保人以外的第三方银行卡转账。保险公司业务人员明确表示只能用投保人本人的银行账户办理。两名女子随即离开。

二、对话场景

　　业务人员：两位好，请问办理什么业务？

　　客户A：你们公司是不是有个新的险种？

　　业务人员：您说的是××险吧？这是我公司近年来主推的一款兼具理财和保障功能的保险产品。请问两位是通过什么渠道了解到这款产品的？

　　客户A：有熟人买了，然后介绍给我们，说收益不错。

业务人员：那我具体向你们介绍一下！方便说一下您的年龄和计划投保的金额吗？我可以为您设计一份保单计划书，详细介绍保险保障和理财收益情况。

客户A：不用介绍了，我买100万元的保险。

客户B：你们公司可以交现金吧？

业务人员：您要投保100万元的话，建议您刷银行卡。那么多现金带在身上也不太安全。而且，公司目前不支持大额现金交纳保费。

客户A：我把钱都准备好了，你们有钱都不收吗？想想办法，办好了我还可以再多买些保险！

客户B：要不刷我的银行卡行不行？

业务人员：不好意思，公司严格要求了投保人与刷卡人必须保持一致。这也是为了避免今后产生不必要的争议，还请两位理解。要不我先介绍一下保险产品，等您准备好银行卡，我们公司可以派人上门办理手续的。

客户A：不用了，我不买了。

三、评析与风险提示

随着我国支付环境的不断优化，保险公司在收付款的业务环节扩大了转账结算方式的应用。这种做法一方面有效避免了客户携带大额现金或者委托保险营销员转交大额现金而带来的资金安全风险；另一方面也有利于保险公司提高资金归集和运用的效率，降低营运成本。

同时，从反洗钱工作的视角，现金业务由于不便核查资金的来源和去向，难以还原资金流动的轨迹，在国内外都被视为洗钱风险较高的业务种类。在上述场景中，保险公司业务人员提出要向客户详细介绍产品信息，客户表示并不关心，还提出要用现金交纳大额保费或者用他人银行卡刷卡支付。保险公司遇到此类情况，应当遵循风险为本和审慎均衡原则，采取适当措施，在维护金融消费者合法权益的同时，有效地减轻本机构被违法犯罪活动利用的风险。